教育 EDUCATION
发现 DISCOVERY

做一个善于建设的班主任

杨雪梅 著

山东文艺出版社

图书在版编目（CIP）数据

做一个善于建设的班主任 / 杨雪梅著. —济南：
山东文艺出版社,2023.7
ISBN 978 - 7 - 5329 - 6870 - 1

Ⅰ. ①做… Ⅱ. ①杨… Ⅲ. ①班主任工作
Ⅳ. ①G451.6

中国版本图书馆 CIP 数据核字(2023)第 054928 号

做一个善于建设的班主任

ZUO YIGE SHANYU JIANSHE DE BANZHUREN

杨雪梅　著

主管单位　山东出版传媒股份有限公司
出版发行　山东文艺出版社
社　　址　山东省济南市英雄山路 189 号
邮　　编　250002
网　　址　www. sdwypress. com

读者服务　0531 - 82098776(总编室)
　　　　　0531 - 82098775(市场营销部)
电子邮箱　sdwy@ sdpress. com. cn

印　　刷　山东临沂新华印刷物流集团有限责任公司
开　　本　710 毫米×1000 毫米　1/16
印　　张　17　　　　插页/ 2
字　　数　196 千
版　　次　2023 年 7 月第 1 版
印　　次　2023 年 7 月第 1 次印刷
书　　号　ISBN 978 - 7 - 5329 - 6870 - 1
定　　价　48.00 元

序

　　如果大家阅读过杨雪梅老师出版的前两本书，就会很清晰地知道，她的成长在某种意义上极其贴切地解释了"建设"两个字。所以，当我读到《做一个善于建设的班主任》这本书稿时，第一反应就是——杨老师要用自己的思考去带动更多的班主任，帮助他们走向"建设"，实现建设性的成长。事实的确如此，在这本书中，杨老师以简洁凝练的语言，娓娓道出了她从班级管理到班级建设的经验成果，在不知不觉中引人入育人之"胜"。

　　在本书中，杨老师带给我们的"建设"经验可以概括为四份追求，分别是成长学生、成就班级、成全家庭、成为自己。这种价值追求可以解释为：班主任要具备促进学生丰富成长的能力，这是核心；班主任要具备将班级经营为育人生态的能力，这是基础；班主任要具备智慧地向家长提供教育智慧的能力，这是保障；班主任还要具备不停歇地自我成长的能力，这是关键。下面，我就结合书稿内容和个人的理解，简单地谈谈这四份追求。

　　成长学生。班主任最核心的存在价值是什么？成长学生。成长学生最有效的路径是什么？走进心灵。杨老师说："每一颗成长的心灵都是自带密码的，班主任需要是一个探寻者和破译者。"教育的堵点有两个：一是学生问题，二是问题学生。无论是学生问题的解决，还是问题学生的改变，无不源于心灵的撼动和影响——只要学生从内心接纳了教师，自然也就会接受教师的教育，成长也就自然而然水到渠成。作为一个建设型的班主任，若想帮助学生实现真正的成长，首要的就是想方设法"占据"学生的心灵，在学生的心田播下成长的种子，而这一切无不需要教育艺术的提升。

成就班级。班级是什么？班级是学生成长的缩小版社会。一个优秀的班主任，总是善于营造一个适合学生成长的班级生态，让学生在良性运行的班集体中接受影响、生发思考、习得能力、获得成长。孟母三迁，不过是为了给孩子选择良好的教育环境；班主任百般努力，也就是为了给学生一方成长的池塘。所以，建设型的班主任一定会把班级经营作为育人的基础，也一定会"逼迫"自己具有班级建设的智慧。那么，如何建设理想的班级呢？在本书中，杨老师给出了三条路径：一是活动育人，开发系列班级育人活动；二是资源育人，不断丰富有效的育人资源；三是集体育人，全力打造个性突出、文化浓郁的育人集体。而至于具体的方法，我们可以在阅读中慢慢体会，悉心领悟。

成全家庭。现在的孩子是家庭的中心，也是让家长焦虑不安的核心因素。可以说，教育好一个孩子，也就成全了一个家庭，这就让班主任的工作具有了更加丰富的担当。当下班主任绝对不能做单打独斗的英雄，学校也不可以关起门来做教育，家校合作、家校共育、家校协同已经成为全社会的共识。那么，如何才能搭建好家校合作的桥梁？如何才能打通家校共育的最后一公里？杨老师在书中给我们提供了诸多可供借鉴的经验，基于问题解决论证了家校共育的可能，在实践上走向了原生家庭寻根之旅，从情感培育中建立了稳固的同盟。

成为自己。累、忙、茫，这三个字是班主任最常用的自我描述，也很容易成为班主任安于现状、自甘平庸的理由。实事求是地说，班主任工作杂事多，时间和精力消耗都很巨大，真正能够用到自我成长上的时间越来越少。那么，班主任到底还需不需要自我成长呢？其实这个问题不需要回答，更多意义上是在自我检讨和追问。一个班主任如果不能做最好的自己，又怎么可能引领学生的成长，又怎么去影响家长和家庭教育？我有一个观点：越是紧张忙碌，越是需要留一点时间给自己；越是窘迫焦虑，越是不能忘记成为自己。我欣喜地看到，杨老师在书中有类似的描述，在这一点上，我们可以说是不谋而合。至于怎么去做，还需要读者朋友们到书里去寻找。

一个人的成长是否具有建设性，最根本的标志就是规划意识、行动能力和创新精神。当一个人能够明确地知道自己要长成什么样子，能够按照理想的目标积极行动，在行动中又可以不走平常路，这种成长就是建设性的，这也是本书最想告诉我们的道理。

叙事教育倡导者　王维审

目录

做一个
善于建设的班主任

探寻触动心灵的密码 第一辑

有时候，我们兢兢业业却仍带不好一个班；有时候，我们苦口婆心，软硬兼施，可学生就是不买账；有时候……到底问题出在哪儿呢？"现在的学生知世故早，心思复杂。""他们内心想法千奇百怪，实在难读懂！""孩子们心理问题太多了，老师有时候无能为力。"其实，这些反馈已将矛头隐隐地指向了问题的源头——心灵。

　　每一颗成长的心灵都是自带密码的，而且还会随着成长不时调整更换。班主任要做探寻者和破译者，只有循着密码触动了心灵，才有可能激活教育。

有"度"沟通，推开育人的另一扇窗

　　积极心理学作为一门新兴科学，最早是由美国当代著名心理学家塞里格曼等人提出的，倡导以一种积极的心态来对心理现象做出新的解读，从而激发学生自身内在的积极力量和优秀品质，促进他们的健康发展。在班级育人和学生管理中，将"积极心理学"的理念融于细微，用于寻常，是我始终都在坚持的尝试。我也欣喜地发现，面对孩子成长中的种种是非，如果教师能够转换视角看问题，理解问题，多些有"度"的沟通，就能更好地引领学生健康成长。

放下高度，关照童心

　　一位年轻的母亲带五岁的女儿去参加派对。她以为热闹的场面、丰富的美食会令女儿非常开心。没想到，女儿却一直闷闷不乐，甚至生气地坐在地上，连鞋也甩掉了。母亲蹲下去给女儿穿鞋的刹那惊呆了：她眼前晃动的，全是屁股和大腿，而不是刚才她看到的笑脸、美食和鲜花。她这才明白女儿为什么不高兴——她蹲下去的高度，正是女儿的身高。

　　小小的故事如同一面镜子，映照出了我们站立于教育中的姿态：与孩子相处，我们习惯了将自己置身于高高的讲台上指指点点，一副舍我其谁的架势；与学生沟通，我们也总是端着师者与长者的派头，惯于喋喋不休地说教。这样的姿态看似站得高了，望得远了，实则与孩子的距离拉开了，看问题的视线也模糊了。

　　我的班上，曾经发生过这么一件事：冬日下午第一节是户外体育活动课，宇在厚棉裤外面又套了一条薄纱的半裙，这不伦不类的打扮让老师没忍住笑，指着宇说："这是什么奇怪的造型，真搞笑，快回去把裙子脱下来！"没承想，一言出口如同点了把火，小姑娘先是冲着老师一通"不用你管，关你什么事"的吼叫，接着就一屁股坐在冰冷的地上，任谁叫谁拉就是不肯起来。

　　以成人的视角去看宇的行为，确实不可理喻。可如果弯下腰身，我们一定可以看到自己年幼时，偷穿妈妈的高跟鞋或盯着隔壁阿姨的漂亮裙子眼都不舍得眨的窘样。"孩子，这个白裙子可真漂亮，联欢会上你要是穿着它跳舞肯定就是个小仙女。快起来，让我好好看看，正发愁你演出时穿什么呢！"我边把心里的想法传递出去，边向孩子伸出一只手。小姑娘略显犹豫地看着我，当捕捉到我直达眼底的笑后，抓住我的手借势站了起来，乖乖地跟着我回了教室。此时，我再告诉她"怎么着装才好看"，小家伙自是欣然接受。

　　成长中的孩子，内心都有根纤细的弦，老师如果不得其法，站在高处大力弹拨，很容易弦崩音断。班级管理中，班主任只有放下高度，拉近距离，与学生的沟通才会有爱而无碍。

　　恰当的高度不难把握，就是我们弯下或蹲下腰身后，能与孩子面对面地互诉心声的那个高度。

站对角度，聚焦亮处

同一处风景，站在不同的角度看，就会有不同的收获与心情。同理，学生的行为问题，从不同的角度去审视，就会有迥然不同的体悟。课堂上走神，是孩子不愿听、不想听，还是根本听不懂？课间争斗，是学生本性顽劣，还是被激怒后的还手？错误发生，是有意为之，还是无意犯下？……有时候，只要我们将角度稍稍偏移，心境就会大不同：原来，从另一个视角去看，孩子的行为根本就没有那么荒谬离谱，甚至情有可原。

我带过的班上有个叫磊的男生，身高体壮，脾气暴躁，看谁不顺眼就非得上前"教训"一顿，在学校里俨然一个"小霸王"。我这个需要天天面对他的班主任，很是无奈。一次外出春游活动，我猛地听到队伍后面传来了磊的怒吼声："快起来，要不我给你两巴掌……"我回过身去正想狠狠地批评，却发现原来是低年级的一个"小不点"累了，躺在地上一步也不想往前走了。磊一边把小家伙骂得大气不敢出，一边又忙不迭地把对方身上的背包卸下背到自己肩上。我一愣怔：这样"善恶交织"的一幕竟然散着奚落责骂的浓郁，却又透着有情有温度的光亮，该如何处理呢？很显然，审视和处理问题的角度不同，结果乃至后果也必将大不一样。

"还不快谢谢哥哥？他自己背的东西都够沉了，还心疼你帮你拿着包。"我对"小不点"说道。我故意在语气中加了几分严厉，目的就是把磊抬得更高一点。"老师，他还小，我多拿点没事的。"果然，顺着台阶磊就爬了上来。"真长成个男子汉了，凡事都能替别人想，能顾全大局，这小家伙碰到你多幸运！"随后的春游行程中，磊如同变了一个人般，一会儿叮嘱后面的同学注意前方的陡坡，一会儿又主动帮助低年级的老师维持班级秩序，还时不时地抢在前头把我想要干的、想要说的主动做了安排。

这还是我所认识的那个蛮横、骄纵、只会惹是生非的磊吗？为什么春游途中这短短的时间里，他竟成了一个热心肠的得力小助手？是什么力量催生出了这神奇的转变呢？毫无疑问，我看问题的角度变了——把目光聚焦到了孩子行为中向善向美的那一面，并给予不动声色的认可。

细细思量，如果在问题发生的刹那我只关注到磊骂人的粗暴行为而忽视他助人的光亮，予以一顿狂风暴雨式的批评，那么就相当于往微弱的善美火苗上泼去了一盆冷水，把一切温暖和希望冲刷得七零八落；又或者，我在批评他粗言暴语后再肯定他的助人行为，虽然不至于把孩子否定得彻头彻尾，却也难以在遭遇击打的心头上激起太大的波澜。多庆幸，在面对问题的那一刻，我站到了最正确的角度，先聚焦磊行为中的亮处。当师生关系亲密而融洽起来之后，我再对他的言行提出要求，他自然乐于接受并改正。

再顽劣的孩子内心也有朝向美好的一面，再糟糕的行为背后都会藏着一抹和暖的光。为人师者，很有必要做一名善于捕捉光的人。可能，觅得一束光，成长中的一颗颗心就有了被不断照亮的可能。而我们所能做的，无非就是站到可以看到孩子的美与善、看懂他们内心真正朝向的那个位置。

转个弯度，巧妙化解

　　法国盛产葡萄，有一年葡萄丰收，采葡萄的工人紧缺，很多葡萄园主请不到工人，只能看着熟透的葡萄烂在地里。但一个叫皮尔斯的葡萄园主却没有坐以待毙。他来到城里一家报社登了一则启事："每天只需 20 欧元！如果您想体验亲自采摘葡萄、酿造葡萄酒的乐趣，请速与皮尔斯联系。"结果，客人纷至沓来。他们以每人每天付给皮尔斯 20 欧元的价格，摘下皮尔斯所有的葡萄，还热情高涨地完成了酿造葡萄酒工作。同样是葡萄园主，皮尔斯只不过让思维转了个弯，不但将葡萄全部采摘完毕，而且额外赚了一笔。班级管理工作中，面对学生的错误，如果一味地说教批评不能奏效，那么，何不学学皮尔斯，让批评也转个弯呢？

　　之前我中途接手过一个班，那个班经常丢东西，偷拿东西的是班上一个因脑瘫而行动不便，但智力没有什么问题的男孩。在与前任班主任的交流中，我得知她试遍了所有方法，可那孩子就是软硬不吃，改不了偷拿的习惯。

　　走马上任后，我留心观察了这个孩子很长时间，发现他自尊心强，非常渴望得到别人的关注，同时也发现当别的同学受到批评时，他常常幸灾乐祸笑个不停。根据多年的班级管理经验及儿童心理学知识，我很快便理出了头绪：这个敏感好胜的孩子希望得到老师多一些的关注和喜欢，但他自己行动不便，不能清晰表达，身上总是脏兮兮的，不那么讨人喜欢，长期被忽视后就产生了一种"你们不好才能证明我好"的扭曲心态。他频繁偷拿东西的起因或许也恰恰在此，因为当听到学生丢东西后，冲动的班主任总是先责备孩子不会看管，再去"破案"。

几番思索后，我决定"转个弯"试试：抓住孩子渴望认同、渴求关注的心理和喜欢看管东西的特点，让他担任分管班务的小班长，负责监督同学们看管好自己的物品，并不时地对他的工作进行点评肯定。从那之后，班上再也没有丢过东西，之前丢失的东西也被小班长"很负责"地找了回来。

总有个别孩子的行为是难以掌控的，我们做再多努力强迫他们改变也是枉然。但是，读懂心灵，适当地转一个弯，或许就可以撬开缝隙，找到化解问题的破冰点。

积极是一种美好的教育态度，只要身为教师的我们愿意找到那个恰当的"度"，就可以让成长的心灵之窗澄澈、明亮。

沙世界，孩子成长的"心"世界

　　一些走进过特殊教育学校（简称"特校"），和学校的孩子有所接触的人曾问我："你的那些学生言行举止有些奇怪，似乎不按常理出牌，要如何与他们打交道呢？"这个问题问到了每一名特教老师的心坎上。我们努力弯下腰身，总希望离孩子的世界近一些，但又常常在猝不及防的碰壁中倍感无力；我们怀揣满腔热情，总以为携了温暖便足以抚慰残缺世界的冰冷，但更多时候，又不得不叹息：要读懂一颗心，送上刚刚好的温度，难！

　　最初成立工作室，将沙盘游戏这种时下比较先进的操作性心理治疗技术引入特殊教育时，我面对的是一片质疑之声：孩子们主要的问题是身体发育障碍、智力损伤及各种各样的行为问题，你却要将一种心理治疗方法引进教育教学，这完全对不上路的引入不明摆着是个噱头吗？

　　好在，面对一切新鲜事物，我总有自己的思考和切入点。在所有人都把关注的目光落在"治疗"二字时，我却认为，沙盘游戏首先是一种"游戏"，如果能在"自由和保护的空间"中，让孩子们放任自我，自主游戏，这不就是一种最自然的康复和整合活动吗？如果能让孩子全情投入，创造一种从无意识到有意识、从内心世界到外在世界、从非语言到语言的桥梁，让我们走近孩子的心灵，读懂潜藏其中的无声讯息，那不就是最大的收获吗？带着这样的念想，我坚定地走在了尝试与探索的路上。

安抚焦躁情绪，给孩子自由的空间

沙盘游戏治疗本身便是起源于自然的儿童游戏，包含的是孩子们在游戏过程中自发的创造，具有"安其不安"的特性，对于儿童的适应能力、情感体验与情感表达乃至心智的发展都有着极其重要的促进作用。

特教工作中，孩子们情绪莫名地失控、行为无预兆地反常等情况时有发生，言语的劝导安抚难以见效。为此，我常带他们到沙盘游戏室中去创造一个属于自己的"世界"。在这样的情境里，孩子是世界的主人，我只是一个静默的陪伴者。沙的柔和细腻，有着母性的温和柔软，而各种沙具随心所欲的布置摆放又很容易使人忆起儿时自由嬉耍的情景。当一个人退行到母亲的怀抱中，回归到无忧无患的童稚时光，那种安全感与归属感是无可比拟的，孩子们焦躁的情绪很快便会平复。更重要的是，对于他们来说，游戏并不仅仅是游戏，同时也是活动和工作，是其生活的主题。在这样一个过程中，想象力、创造力都会得到发展和促进。

一个空间，一场陪伴，就是对一颗心灵最好的抚慰。

解读心灵语言，给予孩子别样的回应

沙盘游戏不仅仅是一种心理治疗方法，而且也是心理教育的一种技术，能把无形的心理内容以某种适当的象征性的方式呈现出来。在特殊教育工作实践中，以沙读心，是我意外的收获。

班上有一个不太合群的孩子，执拗、顽固、寡言是任课老师们给他的评价，就连我这个班主任也觉得无法走近他。最初带他到沙盘游戏室，我只是希望为这个不太活跃的孩子提供一种全新的方式，让他可以恣意地发泄和表达。有一次，他在沙盘里排的两排人偶引起了我的关注，小心询问才知道他把班里的小伙伴都"搬来"了。他指着一个头戴花冠的仙女说："老师，这不是你吗？看，你比我们都高！"然后又指了指跟在"我"身后的那个黑衣男生，"这个是我，我和你们在一起……"

一句稚嫩却坚定的童言在我心头重重敲响：原来孩子是喜欢我，喜欢集体的，只是他不善于表达，并非不合群。意外的读懂，让我每次看见这个孩子都会远远地打声招呼，我的热情也感染了班上的其他同学，这个一向不太合群的孩子竟然很快地融入了集体。

一盘沙，一颗心，在别样的回应中，我收获了一个孩子的快乐成长。

探索内在冲突，巧妙打开孩子的心结

沙的媒介往往可以以比较快速的方式表现受压抑的早期记忆，并且开始重建过去。沙盘游戏的本质在于唤醒个体的潜意识与躯体感觉，碰撞出某种最本源的心理内容。

一位学生因为性情不稳、经常暴躁地大吼大叫被送到了工作室。在一个多月的陪伴中，我发现了非常重要的线索：在他的每盘沙作中，都会出现一个男人，或垂钓，或在沙滩游玩。男人身后，一个小男孩与他背向而立，自顾自地忙着，似乎毫无关系；同时，男人的对面，又总是会有类似奥特曼或小天使之类的"非凡"角色远远地望过来。我开始意识到，这位男人或许是学生性情转变的关键。

在孩子并不完整的表述中，在与其母亲看似随性的沟通交流中，问题成因得以发现。原来，几年前孩子父母离婚了，他随母亲生活，在母亲近乎强势的保护、对父亲喋喋不休的抱怨中长大，而此后他们父子再也没有见过面。毫无疑问，沙盘中那位男人就是孩子的父亲，那些背对男人和面向男人的人形，恰是一个孩子最为矛盾挣扎的自我：一方面，在母亲的絮叨怨责中，他认定是父亲背叛了他们，觉得无法原谅父亲；另一方面，他的内心深处又是如此渴望父亲的关注，总是幻想着自己足够出色，能吸引父亲的目光……

找到症结，才能打开心结，一盘智慧灵动的沙帮我走进了孩子的内心。

有人问我：特殊教育领域，沙盘游戏究竟能有怎样神奇的作用？我觉得一粒沙便是一个世界，沙盘中展现出的是美妙的心灵花园。当孩子们无所拘束地在自己的花园里漫步游戏时，当他们将内心未被觉察的情绪不知不觉投射出来时，我们才有可能看到真实的"心"世界，才有可能为其配上成长的"必需补品"。

沙盘游戏，是我们抚慰心灵、解读心语的神奇密码！

与学生沟通不妨 "拘些小节"

俗话说 "成大事者不拘小节"，但这话放在教育中却不那么适用，特别是教师与学生间的沟通，稍不留神就会触碰学生的敏感神经，让沟通变成一种无效的神伤，教师郁闷，学生不快。不论教师还是家长，若有一颗愿意蹲下身子感知童真世界之心，若意识到那些被忽略掉的微小的细节其实对学生心理有着不可估量的影响，若愿意在沟通技巧方面下些功夫，往往会有意外惊喜。

否定前先肯定

在人际交往中有一种策略——先打一巴掌再给一颗甜枣，这种软硬兼施的惩罚策略在教育中也常常被使用。但我面对犯错的学生却习惯于 "先给一颗甜枣"，再小心地 "出掌"。

小辉是我班上一个比较 "好斗" 的学生，总是忍不住用拳头解决问题。在又一次与其他班学生的冲突中，小辉被送到我面前。我努力不让他看出我内心的怒火，平静地听他给我讲事情的缘由始末：晚间活动时，一个学生调皮地坐在了小辉前面的桌子上，挡住了小辉的视线，小辉要求他下来，那个学生不但不听，还扬言"就不下来，你能拿我怎么的"，被激怒的小辉便出手打了他……

在这件事情中，小辉动手打人确实不对，但凡事有因才有果，何况像小辉这样倔强的学生，与其交流若不能让他心服口服，必然会激起他强烈的逆反之心，开口着实需谨慎。"他的做法确实不对，换成我，我也很生气。"我微笑着看着小辉，并拉他坐在对面的椅子上。他看了看我的脸，原本怯怯的表情露出了几分释然。"你原本有100%的理儿，谁都会认可你对那种不文明行为的阻止，但小辉，现在却变成90%都是你的错。"我叹了口气，"很多时候，我们习惯于通过结果来判断对错，我也是，一看你打人了，就会觉得你是个爱打架的学生。你这一冲动，虽然给了那个同学一顿教训，却把自己的'理儿'输得干干净净，是不是赔大了？"带着几分调侃，我把自己的观点娓娓道来。一番反思后，小辉很快认可了我的观点。"动粗肯定是最愚蠢的问题解决方式，我们是不是可以一起想个办法，既让他得到应有的'惩罚'，你又不会得不偿失呢？""以后我会告诉值班老师，或者先忍一忍，等您来了再……"小辉诚恳地看着我，带着几分肯定的眼神在示意着，"我真正意识到自己的冲动了！"直到这时，我才"板起脸孔"，严肃地告诉小辉："你打人的行为让老师特别生气，以后再发生类似的事我一定重重责罚。"对于我最后甩出的"一巴掌"，小辉带着几分欢喜欣然接受了。

再顽劣的学生也有闪亮的一面，先给予学生肯定，再指出其不足，这样更容易让学生接受批评或建议。

尝试换位思考

生活中，我们总是习惯站在自己的角度看问题，而忽视对方的感受，于是，沟通时难免产生嫌隙。心理学上有一个概念叫"同理心"，即强调在沟通的时候，能够从对方的立场和视野去观察和思考，以顺应和附和的方法得到对方的认同，进而达到沟通的目的，这一概念的提出正是基于人对"同"的接纳及对"异"的排斥的规律。

小希的妈妈曾向我倾诉："我也意识到在教育孩子的过程中有许多不当之处，但就是不知错在哪儿。为了让孩子能接受最优质的教育，各种补习班没少给孩子报，可就是没什么效果，与孩子的沟通也感觉越来越困难。"

"报补习班这件事，小希自己是什么意见？""他自然是不乐意，可是我怕他学习跟不上呀！"家长回答得很直接。"如果别人勉强你做你不太喜欢的事，你心里是什么感觉？""应该不太乐意吧！"她犹豫地说。"对于自己不太情愿做的事，你觉得勉强做了会有好的效果吗？""那肯定没有！"妈妈这次没有半点犹豫。"可不补习，成绩上不去怎么办呢？""若是我，我会先问问小希的想法，是想去补习，还是愿意自己努力提高成绩呢？不要求他一次能有多大飞跃，只要每次努力有些进步就及时肯定。强扭的瓜大多是苦的……"她颇有些认同地点了点头。

交流间，小希大汗淋漓地跑了进来。趁机了解下小希的内心吧！我问："你想练字还是画画？""我妈说想写字还是画画都随我！"胖乎乎的小家伙一边喘气一边应和。"哇，你妈妈给你的自由空间好大！"话音刚落，小希嘟囔了起来："这还叫自由？我非常想去学武术，可因为之前我跆拳道只练半年就不练了，不管我多么喜欢武术我妈都死活不同意，非让我补文化课，她根本不考虑我的感受……"

听了小希的"吐槽"，我的目光尽可能带着些许温情与他保持对视："是呀，你妈妈在这件事上确实忽略了你的感受，不过小希，如果我是妈妈，我也可能会这样，是你先半途而废才让妈妈不相信你的呀！"小希原本昂着的头渐渐低垂。"我觉得让妈妈信任你的最好的办法就是做一件事坚持到底……妈妈第一次做母亲，肯定会有不完美之处，可你不也是一样吗，没经验也做得不太好。"我开起了善意的玩笑。"如果你肯坐下来和妈妈沟通，保证不用补习也能不断进步，效果不就不一样了吗？""也是。妈妈，对不起，我会努力的！以后做事情再也不半途而废了！"小希仰起脸，郑重的承诺让他妈妈十分欣慰。换个位置思考，瞬间就拉近了家长与孩子之间的距离。

当我们在"为别人好"时，不妨先在内心互换一下位置，静心想想这种"好"是否仅仅是自己以为的好，是否真正顾及了对方内心的感受。

批评前转个弯

非洲的巴贝姆巴族有一个古老的习惯一直保持至今：每当有人犯了错，族长便会让其坐在村落中央，整个村子的人都会赶来，将这个犯错的人团团围住，用赞美来"教训"他。智慧的巴贝姆巴人用这样一种特别的方式来救赎犯错的心灵，提醒对方记住教训、改正错误，不要破坏自己在族人心目中的良好形象——这种别样的"批评"方式在工作中也给了我莫大的启示。

小万是班上一个特别固执的学生，曾经有很多教师反映他"不听话"，安排的打扫卫生的任务他经常不完成。明明是一个在劳动上非常出色的勤快学生，却屡屡被"告状"，我这个班主任自然是特别气愤。但一想到小万的脾气———一言不合就如同被引爆的定时炸弹，还真就不能硬着来。

于是，一天我起了个大早，以检查床铺整理情况为由到学生宿舍"参观"，小万的床铺果然是最平整的。（其实，我之前已听说小万很爱干净。）

"孩子们，都评评谁的床铺整理得最好？"浏览一圈后，我开了口。"小万！"学生们齐刷刷地回答。"真是怪事，都是杨老师一手教的，怎么小万整理得最好呢？你们这些小家伙啥时能像小万一样我就放心喽！""他们干啥都糊弄，怎么能好！"小万嘟囔着。这个不怎么爱说话的执拗学生愿意发言，就意味着此时他心情非常不错。打铁需趁热，这分明就是绝佳的时机。"是呀，同学们千万记住，用敷衍的心态肯定做不好任何事。小万，以后你就是小老师，检查宿舍卫生这事就交给你了！""好。"依旧是闷闷的声音，可凭我多年来对他的了解，我一下子就听出那份掩饰不住的小兴奋。

"对了，"我继续查看宿舍，突然我停下脚步，好像想起了什么，"学校把走廊和活动室的卫生分给了咱们班，小万，你可以挑个助手和你一起负责，这事交给别人我不放心，弄不好会扣我们好多分的！"几经辗转，我终于步入今天谈话的正题。"好啊，我很需要一个助手呢！"说完，小万拿起扫帚、拖把就前往活动室开始了地面清理，边干边指挥同学们靠边走，回教室。

我的心瞬间乐成一朵花：一件棘手的麻烦，稍稍用点心思转个弯，就变成了最美丽的收获。之后的日子里，我再也没有为打扫卫生的事头疼过。

与一颗颗童心打交道，"拘些小节"，于细微处着眼，于最贴近学生内心的地方着手，还怕那些可爱的学生不肯乖乖跟我们走吗？从细节出发，用对方法，相信每一棵小苗都会绽放最别样的美丽！

别用泛化的标准来解读"九岁现象"

"这个孩子就是自私!""被××气死了,课上像个木头人一样,问什么都不回答。"……小张老师是三年级班主任,从她每日的抱怨中不难发现:班级管理出问题了!对这种抱怨细加分析便不难觉察:这些问题并非群体性的,而是千姿百态地显现在不同的个体身上。

"你知道吗?其实九岁的孩子就像一本本费解的书,与小学一二年级的孩子相比最大的特点就是:这本书并非随手翻翻便能读懂,你得多花费一些心思去寻解。"这道理并不高深玄幻,是我经过近二十年班主任生活历练后的深刻体悟。

自私的背后是边界意识的形成

常见有的老师指着三四年级的孩子不忿着:"现在的学生真自私,就管自己,他的东西别人休想动一下!"这种时候我通常会忍不住插嘴帮大家捅开真相:"如果你从一年级就带这个孩子,会发现他原来并不是这个样子的。"

　　真的，一二年级的孩子身上似乎永远有用不完的热情和大度，"××忘了带东西，谁的能借用一下？"每当老师这么一发问，保证都是小手举得高高的，喊着"我，我！"但年岁稍一增长，不知道从哪一个时刻开始，孩子们便不那么好相处了。许多班主任被学生"他碰我""她动我东西"之类的告状以及处理不完的纷争烦得焦头烂额，"现在的孩子都自私"之类的抱怨也就脱口而出。

　　如果我们能对九岁这本书有一个正确的认识和深入的解读，一切便会完全不同。孩子们为了"你碰了我、我动了你"这种琐事来告状，是一定要老师给判个对错吗？其实不是，这只是他们到了自我意识不断发展建立的阶段。一个对学生的生命发展规律及年龄特点有着敏锐感知的老师，智慧的做法不是用批评或者随意贴标签的方式打发孩子们，而是借此机会肯定学生对人与人之间界限感的建立以及规则意识的发展。

　　"他动了你的东西让你很生气对吧！"这样的回应是对孩子的一种认同和理解。"每件物品都有自己的主人，想借用别人的东西必须经过主人的同意，未经允许随便拿就是对别人不尊重！"这是对孩子归属和界限意识的强化。"如果你们特别需要得到别人的帮助，会怎样表达？"这是一种正确交流引导。"有同学遇到了困难有礼貌地向你求助，你愿意尽己所能帮助他吗？"这是对美好品质的激活和培养……

　　九岁，如果用狭隘的目光来打量，你会发现"自私""自利"，但如果用发展的眼光来审视，这种行为的"真名"叫作"自我成长"。二者最大的差别在于：自私是在利益冲突的时候，选择损害他人的利益而满足自我的利益；而自我成长是指一个人能够按照自己的意愿、感觉、情感、心理和意志的需要行使自己生命内在的计划，支配自己的行为。

静默的背后是思考能力的完善

升入三四年级后，原本相对齐整、难见高下的学习分数开始有了差距，班上也渐渐显现出了另一个群体——学困生。

每次组织班主任活动或进行班级管理相关培训时，我都会这样提点老师们："别让自己成为学习困难学生的制造者！"这绝非随意地扣帽子，而是出于我对九岁这个特殊的成长节点研究和思考的结果。

九岁左右的课堂上，很多老师会发现原来一问百答、小手高举的热闹场面冷清了许多，孩子们不似先前那般活跃了，甚至被点了名也不太乐意张口回答。"这孩子有点跟不上课堂节奏了！""他听起课来明显吃力了，提问时很少回应！"这种错误的判断传递到家长那里，家长就会对孩子指责施压；孩子接收到这样的讯息后，极有可能给自己贴上"我不行"的标签。

为什么原来热闹有活力的课堂上会突然出现一批相对沉默的孩子呢？其实，三四年级这个阶段孩子的思维能力日渐发展，渐渐有了自己独立的思考，他们对老师的讲授不再全盘接受，而是会斟酌缘由，考量因果关联，这种思考需要一点相对专注安静的时间，自然与老师授课时按进度行走的快节奏不相匹配。而这个年龄段又恰逢孩子成长的叛逆时期，时间久了，原本一个善于动脑思考的孩子便在老师的标签效应下走向了"学困"。

　　九岁这本不易解读的书，千万不要依照成人已经被世俗蒙蔽的思路去理解。当你面对孩子突如其来的反常，如果不能号准脉的话，那就不妨给孩子更多的信任和自由。以爱的情感唤醒学生成长的积极性，以自由的空间激发孩子的创造热情和自我意识，以规则的内化促生儿童的社会秩序和内在智慧。

　　读懂九岁，我们需要走出常规，走入这段特殊的心灵成长节点，请别用泛化的标准去解读一本特殊的成长之书！

孩子，成长的体己话老师这样与你说

几年前，我还是一名特殊教育学校的班主任。在外人看来，最令我头疼的无非是孩子们近乎油盐不进的学习状态和吃喝拉撒睡等繁杂的生活琐屑。但现实并非如此，八九个人规规矩矩的小班级走着走着就会被一段段猝不及防的时光搞得兵荒马乱，怎么按都沉稳不下去——那段时光的名字，叫作"青春期"。

真的，智力缺损、心灵稚弱是特殊孩子的典型特征，可这并不意味着他们的身体成长也一并搁浅了。事实上，当孩子身心发展与机体发育相匹配时，青春期的成长引领工作只要花点心思就不会出什么大问题；可一旦心智的成熟度被生理发育的速度远远地甩到了后面，许多老师会觉得除"严看死防别出什么事儿"外，便再也无计可施了。

可我深知，大禹治水，"疏"是关键；青春期引领，"引"才是正法。因此，在孩子们成长到四五年级时（特校孩子的入学年龄普遍比普通学校晚两年左右），我会分外留心他们的一举一动，以防患于未然的抢先之举做好智力落后学生的青春期成长疏导工作。

女孩，我悄悄对你说

不知不觉，班上的女生率先有了微妙的小变化。"老师你好呀！"
"老师……"看到学校里年轻帅气或有亲和力的男老师远远地走过来，
有的小姑娘便扯着衣角定在原地，满脸含羞带笑地问候着，这和小时
候看见喜欢的老师就大喊大叫截然不同，我知道，青春期对异性的情
感已悄然发生了变化；有的女生习惯用宽大厚重的衣服把自己紧紧地
包裹起来，我明白，她还没有适应自己身体突如其来的变化；也有的
女生开始把自己显得肥胖的身体塞进紧身裙子或细滑的丝袜里，怪异
造型惹得众人纷纷侧目，我懂得，这颗已然苏醒的心渴望别人的肯定
和关注；还有的女生坐在教室里心神不宁，躲闪的眼神里仿佛满藏着
各种小秘密，我想她闭锁的心门一直在等人去开启。

每个女孩"青春"展现的姿态不同，需要班主任去牵手引领的方
法肯定也不会一样。但无论面对什么样的成长个体，无论采用什么样
的化解之道，我都会告诉自己"你要轻轻的"，因为一颗处在特殊时
期的心就如同荷叶上的那滴露珠，一不留神便会滚落破碎。邻班的杰
因为在头上戴了朵大红花上学校惹得一干老师窃笑不已——"真像个
媒婆呀！"后来班主任说，"杰不知什么原因要小脾气，死活不上学
了。"不知道老师们有没有想过：当初那些不恰切的表情和议论，很
可能造就了一颗因畏惧而失去自信的青春的心。我们班的小蕊因为不
分场合地追着某位老师请他看自己的画，忙碌的老师不耐烦地喊了
句："你快回自己班去！"从那以后，再也没有听她念叨起那位她一直
喜欢的老师。如果当初能有句平和的回答："老师有点忙，有时间再

看，你先回去吧！"结果肯定会大不一样。

"孩子，打招呼的时候大大方方就好，好女孩都是这样的！"我轻轻地叮嘱着。"老师知道你觉得自己身体有了变化，满脸还长了痘痘很难看，所以恨不得把整个人都包起来。偷偷告诉你吧，我小时候整个脸都坑坑洼洼的，还胖得不得了，都不想见人了。后来，老师告诉我，每个人在这个年纪都会经历身体的变化，如果把自己整个人都捂起来，才真的会让别人都想来看你呢！"我悄悄地分享着。"你看，杨老师从来不会在冬天穿那么薄的丝袜，穿衣服要和天气季节相宜才好看呢！你也觉得老师穿的衣服很好看？那我来教你好不好？"我细细地引导着。"老师猜是有什么事让你不开心了，你是愿意和老师说说呢，还是愿意去后面的操场上玩一会儿解解闷？"我小心地探寻着。

我断不会长篇累牍地大开一通班会或大讲一番道理，因为对于我班这些特殊的女孩子来说，她们理解不了那么高深的道理，但一定很愿意接受老师善意的叮咛呵护；我也绝不会用严防死守厉声呵斥的老套路来解决问题，因为孩子们对他人态度的感知能力还是相当敏锐的，一旦把孩子推到成长的对立面，班主任就再也走不进她们的内心。

亲爱的女孩们，老师一直在密切捕捉你们青春期的微妙变化，然后再悄悄地交流心声，静静地守望成长。

男生，我大声对你说

还没把女生青春期那根成长之线理顺，原本在我眼里还是淘气包的小男孩也不知不觉发生了变化：说话半哑着嗓子，常规的交流不知什么时候开始变得阴阳怪气，有的还没张口就先扭扭捏捏脸红起来，有的一点不痛快就掀翻了教室，有的家伙总觍着脸凑到女生跟前让人恨得牙根痒痒……继续和风细雨式地牵着引着吗？肯定不行，有的学生曾经在校园里闹出"我一定要娶老师"的笑话，在他特殊的世界里，哪里懂得什么纲常伦理，温柔的女老师就美丽，美丽的女子就要娶了做媳妇。继续用南风式的温暖来化解青春期的冰冻吗？也行不通！我发现很多班主任对男孩子确实足够温柔、足够耐心，但在那种环境中浸泡出来的男孩说话都细声细语的，生怕惊了别人，全然没有男生该有的样子。看到不良行为时厉声呵斥或狠狠地批评吗？学校里可没少发生因为遭遇批评指责而情绪失控打碎窗玻璃或爬上窗台的事情。毫无疑问，一位特殊教育学校的女班主任面对青春期的男生时着实不易，有太多尴尬麻烦的问题需要审慎处理，有太多担惊受怕的事情得小心翼翼，有太多哭笑不得的瞬间足够烦人扰人。更令人头疼的是，大部分特殊孩子的背后都有指望不上的家长群体：我能指望一直希望我把他儿子也培养成老师的父母来协助我做好学生的青春期教育工作吗？我能要求一个思维意识还不如自己孩子的家长去帮助关注学生青春期的躁动和逆反吗？我能奢求一个连挣口饭吃都有难度的单身父亲或母亲抽点时间和精力指导孩子吗？显然都不现实！我唯一能做的，就是一方面保证用恰切的姿态面对这些成长中迷茫的男生，一方面为他们的成长竖起一面标杆性的旗帜。

在面对男孩子的成长时，我这个班主任还是希望培养出有些阳刚之气的学生的。因此，日常的交流中，我予他们真诚的教导但也干脆掷地有声；休息放松时，我会不怒而威地和他们开开玩笑，让他们喜欢我又对我怀有敬畏之心。同时，我还充分利用全校学生都很喜欢某一位男教师的心理，为我们班男生的成长树立了一个榜样性人物。在专门为男生准备的小讨论会上，我问大家："都喜欢王老师吗？"他们齐刷刷地举起了手。"杨老师也特别欣赏王老师，他不怕累不怕苦，能控制自己，有担当，是一个标准的男子汉，所以全校的老师和学生都喜欢他。"当学生的情绪被调动起来后，我就势给他们鼓了鼓劲——都学做王老师那样的男子汉，行为得体，有风度，不做让人讨厌的事。当学生一出现不太恰当的行为时，我立刻大声喝问："王老师会不会这样做？王老师是怎样做的呢？"虽然"选择成长榜样"是一个看起来烂透了的管理办法，但对于年幼的孩子特别管用。为了帮助青春期的孩子保持正确的行事方式和行为习惯，我专门聘请了这位王老师担任我们班男生的成长导师。当发现孩子们表现得比较好或者有些不良言行能够控制后，这位导师会配合我及时地给孩子们肯定和奖励。另外，当涉及一些生理知识，我这个女班主任不便指导时，王老师也是我最佳的援兵。

我是一群特殊孩子的班主任，面对一个个鲜活却繁复的成长故事，我的选择是量身而定，用最体己的方式引领"青春"明媚地绽放。

积极沟通：贴着学生心灵的正向互动

师生沟通是一种重要的班级育人方式，有些班主任通过沟通能让学生心悦诚服，而有些班主任说出来的话却会遭遇学生的无视甚至反抗。当我们以审视和研究的视角去反复思考后会发现：所有的沟通都是始于心灵然后抵达心灵的，如果缺少对学生心灵的积极回应，缺失对学生成长诉求的主动观照，缺乏与学生情感的正向互动，沟通自然就无法触及学生的内心。所以，积极的师生沟通一定是贴着学生心灵的。要做到这一点，班主任必须具备哪些能力和素养呢？

精准解读学生的行为

班主任与学生沟通都是希望引导学生防误纠偏，但太多时候，由于读不懂学生内心的诉求，沟通非但不能解决问题，有时甚至会让师生之间产生隔膜。课间，一个小男孩在办公室门前来来回回不知道走了多少趟。"小辰这个孩子就是毛病多，你看他在门外探头探脑的，老师干什么他都想看看！"办公室的同事都发现了男孩的异常举动，一位任课教师率先开了口。"是呀，我上课时他除了不能老老实实地坐着听讲，别的什么事都干，惹惹这个，碰碰那个，不安分得很。""你们瞧他穿的衣服，什么时候干净整洁过？不是老师没有爱心，像这样打着灯笼都找不出优点的学生怎么去爱？"大家七嘴八舌地吐槽起来。"他又往办公室里探头探脑了，我去问问他到底……"一个同事说道。我赶紧起身，对众人说："我来吧，我想他今天应该是希望我们能看到他！"我笑着叫住了男孩："小辰，今天这身衣服真精神，妈妈新买的吗？"得到肯定的答复后，我又郑重其事地打量了他好一番，然后开口道："小家伙长大了呢，帅气十足！"看到他眼里有些羞赧与喜悦的光芒在闪动，我知道这几句话触到了他那希望获得关注与认可的心灵之弦。"快上课了，回教室吧！老师发现你最近上课听讲也特别专注，了不起的小伙子，有进步！"我拍拍他的肩，示意他回教室。下午去上课，男孩端端正正地坐在座位上，全无往常的随意放肆。中间偶有小动作，可一旦与我含着笑的目光有了交汇，他立马就恢复挺拔精神的学习状态。

学生的成长多么奇妙，他们表达渴求的方式又是多么特别。这个男孩就因为一身新衣而自信满满，渴望这光鲜的一刻能被别人看到。作为教师，要看到学生微妙的内心。

发现学生行为中的闪光点

一个偶尔考试作弊的孩子必定有着一颗对成绩非常在意的心，一个"因为看不顺眼就动手"的学生骨子里可能潜藏着"路见不平，仗义相助"的担当，一个在班级中总是捣乱搞怪的学生可能只是期待能吸引众人的眼球……可在班级管理的现场，班主任扮演的往往是

"揪错""找茬"的角色，我们好像不善于发现学生行为当中积极的一面，只会盯住学生某个错误的行为不断深挖扩散。如此，学生感受到的只有教师对自己的否定。

班上的凯是学校里出了名的"小霸王"和"闯祸精"，但凡是打架或违纪的事，十有八九都和他脱不了干系，我这个班主任拿他真是毫无办法。一天，当班上的孩子慌里慌张地跑来说"凯正满操场地追着隔壁班的一个男生，要去打人家"时，虽然火冒三丈，可我还是逼着自己先冷静下来。当了解到，邻班的那个男生因为在卫生大扫除时耍小聪明，把垃圾倒在了我们班的绿化带里，正好被凯碰到了，这才有了操场上那"非得狠狠揍他"的一幕时，我似乎看到了几许光亮。"凯，老师知道你是在维护咱们班级的荣誉，那个男生的行为确实太不像话了，我也很生气。"我摸着小家伙的头表达赞赏，"对于一些不文明的行为，总要有人出面制止，你是一个路见不平敢于出手的好孩子！来，咱们商量商量，以后碰到这种行为，怎么处理更能让他的不文明受到应有的处罚……"我的这番话，在顽劣的凯的身上竟然引发了神奇的化学反应——他不但能克制自己，主动为同学提供帮助，还慢慢地变成了我的小助手，班上的劳动、卫生等一应琐事他都能安排得妥妥当当。

对于这件事，不同的处理可能会带来截然相反的结果：如果当时我不管不顾把凯批评一顿，那么他关心集体、富有正义感的那一面就被完全忽视了，我的批评非但不能帮助他修正错误，他还极有可能因为觉得"老师只会冤枉人"或"就是看我不顺眼"而愈发"破罐子破摔"；如果在处理的时候先批评后肯定，效果肯定也不好，毕竟，挨过一巴掌后再给的那颗"枣"的甜度会大打折扣。所以，班主任在与学生沟通时，一定要顺势而行，先点亮，再影响。

洞察学生内在的发展需求

"我们为什么要批评学生呢?"我常常这么问自己和其他班主任。得到的回答很一致:"因为学生犯了错误。"当我继续追问:"学生为什么会犯这样的错误呢?"回应我的往往是静默。为什么会这样? 原因其实就是班主任们只看到了学生的问题,却没有认真考虑学生为什么会出现这样的问题。所以,班主任看到学生犯错,第一反应就是批评教育,而这样的教育沟通往往没有效果,有时候还会带来师生关系的僵化。一个拥有积极思维的班主任,一定会主动试探成长中的小心思,即便是批评也能让学生感受到被理解和被尊重。

曾经有一位班主任批评班上造型"雷人"的女生说:"你这是什么打扮,怪里怪气的,还不快换回正常的衣服,把头发捋直了!"这样的沟通交流,非但没收到期待的纠偏改错之效,还激怒了学生。正好在现场的我赶紧打圆场说:"这个小家伙长大了,变美是好事情啊!来,跟老师去办公室,咱们一起研究下女孩子梳妆打扮有哪些好的技巧……"来到办公室后,我和学生就装扮进行讨论。我向她传递正确的审美观,在学生认同我的基础上,对她之前的着装打扮进行指导。

因为懂得,所以贴近,班主任理解学生,能洞察学生内在的发展需求,学生的心自然向班主任敞开。

适当与学生共情

曾经,我在一所学校督导时看到这样一幕:一个小男生在走廊里一蹦三跳，嘴里还哼着欢快的小调儿。"徐老师，徐老师，你看……"迎面走来的应该是他的班主任，男生兴奋地呼喊着。"会不会好好走路，说过多少次走廊里不可以跑跳，你嘚瑟什么，还不快点回教室去！"在迎面而来的徐老师的厉声斥责中，小男孩垂头丧气地溜回了教室。

事后我了解到，这所学校不允许学生课间在走廊里奔跑打闹。为了严格执行学校的规定，避免常规扣分，这位班主任以一盆冰冷的"说教"之水瞬间熄灭了一个孩子亲师向师的热情。试想，当学生被这样的阴影笼罩后，班主任以后所进行的沟通还能多大程度地触动孩子的心灵呢？非常明显，这位班主任在与学生沟通时所存在的典型问题就是共情能力的缺失。学生刚开学见到老师的喜悦心情和倾诉愿望，班主任没有捕捉到，或者忽略掉了。

其实这件事完全可以有另一种完美的结局，比如班主任可以这样说："你这么早就来学校了，看来假期里发生了许多有趣的事，是不是迫不及待地想和老师分享呢？"——这是在共情，是在表明班主任接收到了孩子的心灵电波。"在走廊里跑跑跳跳撞到别人或摔倒了多不好，以后要注意哟！"——这当然也是在说教，只是这份说教里充满了对学生的关心与在意。

教育是需要情感投入的，积极的沟通离不开情感的参与。

关注事件背后的人

"说了多少次别顺着楼梯扶手往下滑，你到底长没长脑子？""能不能记住，如果下次再扣分，就让你家长……"同事的话音未落，那个恼怒至极的学生早已摔门而出。事后我问同事："为什么不让学生顺着楼梯扶手往下滑？"她很是恼怒我的"不明所以"，生气地说："如果学生碰到了头或磕伤了腿怎么办？"

其实，同事的回答恰恰也揭示了这场师生冲突的问题所在，即班主任担心学生会因为不恰当的行为受到伤害，但沟通过程中表达出来的却是更看重"扣了班级的分数"或"破坏班级形象"，指向发生了偏差，师生间的隔膜也就形成了。如果教师能明确地表达对学生的关心，如："这种行为很不好，一不小心就可能发生安全事故，你得受多少罪？"我相信，学生内心所接收到的肯定是另一种美好的讯号：老师担心我，我在老师心里很重要，我要注意安全！

班主任不能"就事论事"，而是"以事论人"，也会带来师生沟通不畅。例如：学生上学迟到了，班主任不是问学生有什么特殊情况或提示他这一次违反了规定，而是由此判定他就是一个懒散、没有时间观念的人；学生因为贪玩没能按时提交作业，班主任不是给他提供一些可以选用的自律方法，而是直截了当地认定学生这样的状态将来会一事无成……如此"人"与"事"不分，其实就是在用"贴标签"的方式摧毁学生的自我认知，逼迫学生逃离或对抗。

班级管理当中，师生沟通永远都是一个值得研究的命题。总之，师生沟通要尽量积极正向，紧贴学生的心灵，既有基于情感的共鸣观照，又有基于细节的敏锐觉察。

体察内心缺失，为成长按需补养

"这个学生有多动症，一会儿也闲不着！""我们班的那个孩子，什么法都用上了，全没用！"班主任们的交流里，总是透露着各种无奈。

孩子的成长充满了复杂性，为什么同一年龄段、同一个班级的学生外显行为不尽相同？为什么相同的教育方法对一些学生有效对另外的学生却不痛不痒？为什么多样的手段尝试却无助于问题的解决？在我看来，所有问题投射的背后都是心灵的缺失在发出抗议，化解之根就在于要感知洞察需求，为成长的心灵按需补养。

别样的关注渴求，需要别样的回应互动

"又趴窗户了，不信你们看，一会儿他准得来踢办公室的门，等咱们站起来他早就跑开了，这样的孩子你说气不气人？"办公室同事嘴里那个"气人"的孩子是之前我班上的一个学生，有严重的自闭倾向，我做了他三年的班主任，每天一遍遍"小宇，小宇"地唤他，却

从未收到过任何回应。

　　新的学期重新分班后，我有些庆幸终于甩掉了这个千呼万唤不回应却又麻烦不断的家伙。谁承想，这样的小欣喜还没熬到天黑就出了状况：他总是拼命地拍办公室的门，或者在我去卫生间时莽撞地冲进女厕所。最严重的一次，我在前面走路，他从后面冷不丁地猛推，一个趔趄后我重重地摔倒在地……一次次地叮嘱他"不可以"，也一遍遍地呵斥"这样不对"，非但不见丝毫效果，反倒随着时间的推移，他愈发地变本加厉。

　　"有没有发现咱家孩子这学期行为有些不一样？……一下课他就去办公室门口转悠，还喜欢踢门拍窗户，甚至有几次冲进了女厕所。你说这是怎么回事呢？是不是快到青春期了？"我尽量委婉地把情况反馈给经常来学校陪读的宇妈，毕竟她是最有可能为我释疑的人。

　　"杨老师，你以前做他班主任的时候每天早上到教室都会先摸摸他的头，课间也常常会一遍遍地问'小宇，去不去厕所''小宇，过来和同学们一起玩'，或许这个学期你不再带他了，他觉得你不理他了而不适应……"似蒙昧的心头突然射进来一束光：确实，为什么孩子不去踢别人办公室的门呢？为什么他不去"攻击"其他老师呢？在种种针对我的异常之举的背后，其实是孩子内心的需求在发出呼声——他可能需要我一如既往地关注。

　　于是，我试着改变自己的行为予他回应，与他互动：路上相遇，我总是停下脚步唤他，等他跟上来，唠唠叨叨地叮咛几句，他不应，却明显地安静乖巧；课间操活动，拍拍他的肩告诉他要好好跑步，并陪他跑一段，他不看我，却也不曾脱离队伍；不论相隔多远，我都尽量让自己的目光与他有一段对视时间，他有些羞怯腼腆却又分外安静坦然……

曾经以为，自己三年的呼唤和付出从来不曾在这个孩子内心漾起任何波澜。其实我错了，即便是一个特殊的孩子，他的内心也有着属于自己的感知和接收方式，只是静默是他最独特的表达。更重要的是，宇身上问题的呈现与消解的过程让我悟到了这样一个道理——要努力去察探孩子内心的需求，要用别样的回应去与孩子互动，温润成长。

别样的情意传达，需要别样的接收回馈

冷漠的孩子、孤僻的孩子、不合群的孩子……班级群体中似乎总有形形色色难以融入的个体存在。置之不理，顺其自然，这样的回应极有可能泯灭的是最后的希望。倘若面对细节时能多一些细腻的感知，面对异常时能多几分敏锐的呵护，让成长稍稍转向，就有可能别有洞天。

一进教室，我就捕捉到了端正整齐中的一抹不和谐。龙侧着身子，手中拿着一张彩色的有了抓痕的纸，正歪着头看我。这是一个孤僻的让人很难感知到他的存在的学生，今天这样的举动肯定是在向我发出某种讯号。

这一天是教师节，班上的孩子纷纷涌进我的办公室，用自己所能想到的方式为我送上了祝福，除了龙，莫非……

"龙，今天是教师节，杨老师一直等着你送祝福呢！"看着他，我有些嗔怪又有些矫情地讨要祝福。"你没看我还没做完吗？"他闷声闷气，但眼神里却有耀眼的光芒在闪烁。我深知，对于一个向来不善于

和别人交流的孩子而言，这已经是他最友善的表达；我更庆幸，自己及时捕捉到了他的不同寻常。

第二天，看到他一次次"有意"地从我办公室门前路过，我喊住了他："杨老师的礼物好了没？"他麻溜地从口袋里掏出折好的一把幸运星，并破天荒地用"不客气"来回应我的谢意。从那之后他对我的回应多了起来，对班级活动也热心了起来。

其实，哪里是在索要一份礼物，我的初心很简单：希望孩子送不出去的那份情意有着有落，更希望借着别样的接收回馈慢慢打开他紧紧闭锁的心门。

别样的自我证明，需要别样的凿实认可

"杨老师，我家孩子每天早上往学校走的这一路上，说的全是废话，晚上放学还总是哭哭啼啼的，怎么才上学就开始厌学了呢？"这是一位新生家长的反馈。

我留心记录了母子二人在教室门口的对话："妈妈，我书包真沉！"孩子抱怨着。"快进去，我帮你拿着！"母亲接话。"不用。""书包太重了。""这书包为什么这么沉？"母亲失去了耐心："哪那么多废话！"……

孩子为什么反反复复在强调同一个问题？既然觉得重，那他为什么又拒绝大人的帮助？他的言外之意投射出的是怎样的心理需求呢？我反反复复地琢磨着，小心翼翼地推测着：或许，刚从幼儿园状态切换到小学生活，孩子只是需要大人给他一句关于身份转换的肯定。得不到肯定和认同，一颗成长的心灵是浮在半空的，无法在小学的教室

里安顿下来。

"书包太沉了!"孩子又在教室门口哭闹。我连忙走了出来:"书包有点重是吧?那是因为你长大了,你已经是个了不起的小学生了呢!"我给孩子的母亲使了个眼色,让她配合我。"小学生要干什么?"孩子停止了哭泣,瓮声瓮气地问。"学文化,做游戏,锻炼身体,你很快就会成长为一个了不起的小男子汉。"我笑着回应。"妈妈,是这样吗?""当然!"得到了肯定答复的孩子终于静了下来,释然地走进教室坐了下来。

孩子的成长需要被肯定、被看见,但我们为人师、为人父母者有时候却少了几分敏锐的捕捉力,于是,孩子就会在身份转换的特殊节点上充满惶惑和不安。看见孩子,看见变化和成长,有时候就是一种最好的教育陪伴。

教育的复杂性就在于"难以捉摸",其实,每一种"想不明白""看不懂"的背后都是孩子内心需要的某种映射。多一些探根之问,多一点体察之思,才能真正地按需供养,让生命成长一路暖阳。

为闭锁的心扉配一把可以转向的钥匙

瑟缩在教室的一角，除必要的"嗯"与"啊"、点头和摇头外，再不肯多半句言语，喜怒与哀乐都不曾在那张小脸上漾起什么涟漪……

"这个小姑娘有自闭症！"走进过这间教室的老师多如此论断，我便一次次不厌其烦地更正："这不是自闭症，自闭症的孩子眼神是不会闪躲、不会逃避的，她只是一个心门上了锁的孩子，她的内心需要以更巧妙的方式才能打开，才能走进！"

小姑娘叫涵，是上个学期转入的新生。"我在这附近找了一份工作，为了接送方便才把孩子转来的。"见我一直对转学的原因充满好奇，涵的妈妈有些不自然，讪讪地解释着。

作为涵的新班主任，我自然对她的中途转入有着满满的好奇。通常，在我们这种离城区较近的学校里，寻常见到的多是为了孩子成长家长想方设法托关系找门路往市直学校里送，如涵这般，从市直学校转入农村的还真是头一例。更何况，从转学过来就闷闷不乐，大半年时间了在班级里还没有一个朋友，这样一个始终自我闭锁的孩子，让我不得不出于师者的责任去寻查根源，以期能给她些许帮助。

从千丝万缕中查找问题的根源

孙瑞雪在《完整的成长——儿童生命的自我创造》一书中曾指出：如果儿童的活动一直受限，儿童的活动，以及因不能活动而产生的焦虑，就会被大脑逐渐放弃。儿童不再有焦虑感，但他同时也失去了生命的活力和成长的可能。在涵的身上，既见不到孩童身上所特有的多样情绪展现，也寻不着属于生命的善感与灵动，她的困缚和限制来自哪里呢？我留心地捕捉着自己所能触及的一切，希望能觅得与问题呈现相关的蛛丝马迹。

"走路老老实实的，不要到处乱看！""快进教室坐着，不许乱动！"这是接送孩子时，家长最常挂在嘴边的叮嘱。稍一品，就觉得变了味：一个总是被要求"不要""不许""不能"的孩子，她的成长中是否还有"可以""能够"这样自我掌控的自由？

"您有没有觉得咱家孩子和别的孩子不太一样？"趁着家长来送孩子，我把她邀进了办公室。"老师，我一定好好管着她，不让她乱跑乱动，您多担待些！"我一愣："涵这个孩子有些孤僻，转过来这么久了，和谁都不爱交流……"在我的追问和家长的讲述中，一个令人不敢相信的真相浮出了水面：从老家跟随打工的父母辗转来到这座城市就读小学，几乎没经历过幼儿园生活的涵就像被扔进了一个新奇无比的世界里，校园里的每一景每一事都吸引着她的注意。于是，老师就看到了一个好动、不安分、没规矩的孩子。为了"教育"好这样的孩子，老师和家长双管齐下开始了"养成"教育，可三年努力下来非但习惯没有养成，考试成绩还总是拖学校和班级的后腿。

"你们外地来的孩子，身上坏毛病就是多，本地孩子就不存在这种情况！"做足了工作，家长终于妥协同意将孩子转走后，老师还不依不饶，"你现在去的那所学校很多都是打工人的孩子，有伴了……"只是，有了新学校、新伙伴、新老师的涵，却再也没有了当初那不安分的活力。而那个提心吊胆的母亲，依然为孩子的不守纪焦虑着，依然在做着"不能这样""不许那样"的谆谆教导，往雪上加着霜。

从细枝末节处打造转向钥匙

一个既不专业又缺少悲悯之心的班主任，如同一把冷冰冰的铁锁，不经意间就闭锁住了成长的鲜活和灵动。我这个接任者所能做的，其实是要打造一把钥匙，帮助孩子转个向，尽可能地回归到自由、灵动的成长轨迹上来。

"那个小狗是不是很可爱，你可以去和它玩一会儿，小心别被咬到。""进去吧，和同学们玩得开心点。"在我的指导下，涵的妈妈开始注意自己与孩子交谈的方式——避免约束和阻挠，尽量鼓励和指导；抛却否定之词，多用正向言语；每天放学后关注孩子在学校里碰到了哪些趣事，不去追问有没有回答出老师的问题、小测成绩有没有达标……

在校园里，我不失时机地采用一切可以使用的手段，把学习场搬到户外、融入游戏活动中、装进趣味口袋里，激发孩子们的兴趣，更是为了唤醒涵的好奇心与热情。同时，我每个月至少开展两次以"悦纳自我"为主题的成长活动，通过游戏、故事、小组合作、竞赛等多样形式引领孩子们认识到自己的独特，发掘自身的闪光点，不断助力生命自信之帆的扬展。

在同伴关系营造中，我也明里暗里做了不少"手脚"：鼓励孩子们结成合作小帮派，那些特别活跃的伙伴都和涵成了搭档；关照其他任课老师避免单独评价，多用小组肯定的模式帮涵找回存在和归属感；不着痕迹地指导孩子——表现不错，老师允许你和同桌涵出去玩一会儿；毫不遮掩我对涵微小进步的赞赏，吸引更多孩子和她做朋友……

着眼细微，我以三管齐下的方式打造了一把具有转向和唤醒功能的钥匙——涵脸上开始有了笑容的浮现，课下与他人开始有了交流，闭锁的心扉正慢慢地敞开。

面对成长中的"自闭"假象，为人师者，更应该关注的是背后那千丝万缕的成因。毕竟，只有合适的钥匙，才能转得动冰冷而固滞的成长"锁"心。

重构认知，摆脱负面情绪困扰

"你们班那个煜，也太敏感太情绪化了吧！"办公室里，不知是哪位老师提了个头，大家便纷纷把话锋转到了煜的身上。"这个孩子，肯定是心理出了问题，你这个班主任可得小心应对……"

煜的问题，确实是缠绕于我心头难以释怀的一个结。"我的目标是考班级第一！"——按说，一个学生有这样的愿望和追求是件好事，可一旦发生偏差没能达成，煜就会如遭遇了秋霜洗礼一般，久久颓靡不振；有时甚至是老师善意的"你还可以做得更好"、同学不经意的"我也会"之类的言语都会影响他的情绪，令他恼怒于形，耿耿于怀。

这个孩子的种种表现，倒令我想起了大家耳熟能详的"半杯水"的故事。

两个人在贫瘠荒芜的沙漠里艰难地行走，可是无论怎么走都无法出去。而此时他们一人仅剩下一杯水。要知道，水在沙漠里可就像生命一样宝贵。半路上，一根枯枝害他们摔了一跤，他们杯子里的水都洒掉了一半。两个人望着自己手中的半杯水，有着截然不同的想法和感受。第一个人说："唉，真倒霉，就剩下半杯水了，我怎么走出这无边无际的大沙漠呀!"另一个人则说:"真幸运,没有全部洒掉,靠这半杯水,或许我就能走出这大沙漠了!"

不同的认知图式,造就了截然不同的心理和情绪体验——悲观者觉得消极痛苦,只能负痛奔走;乐观者看到了积极与希望,便能快乐前行。煜的身上不也恰恰存在着那种悲观、不当的认知图式吗?

要帮助这个孩子摆脱过多的负面情绪困扰,需要先为他厘清不合理的信念图式,通过重构认知来与情绪问题和谐共处。

认识"绝对要求"的自我伤害

"同学们,老师最近心情很不好,实在没有办法陪你们出去做游戏!"活动课一进教室,调皮的小家伙们便告诉我煜发明了新的游戏,想邀请我一起出去体验。与煜有关,这样的机会我自然得牢牢抓住。于是,我就"愁眉苦脸"地卖起了关子。

"杨老师你怎么了?""什么事让你不开心?"孩子们哗地一下围了过来,那一刻他们真像是老师的救世主。"你们说,我是个好班主任吗? 为了工作付出得多吗?""您每天都是最早到校陪我们的!""您肯定是一个有想法、有能力、爱工作的班主任!"……孩子们叽叽喳喳毫不吝啬地送上肯定。"我这么努力工作,肯定是希望能得到同学们的喜爱,也能得到领导的认可,可是咱们校长从来就没说过'杨雪梅老师真不错'这样的话,一次也没有……"抛出我的"困惑之球",只为引发学生的思考。

又是一片叽喳声,有的孩子认为校长可能没意识到肯定对一个老师有多么重要;有的人觉得老师的表现有点幼稚;也有的学生觉得"努力想要得到"并不意味着"一定能得到",老师没必要为此纠结……我连忙接过话来："看来，是我的要求太过绝对了，希望得到认可并不等同于别人必须认可我呀，你说是不是这样，煜？"我试探着和他讨论。"嗯，如果对很多事过于绝对要求的话，一旦没有达到预期，我们自己是会感到难以接受进而陷入困扰情绪中去的……"他努力思考归结。

其实，我只是努力地创设了一个时机，借自己的这番"求助"无痕地去弹拨煜的心弦，希望他在意识到我的"问题"时，也能够疗愈自己的成长之殇。

避免"过度概括"的自我评价

"你这个孩子，有时候真是让人头疼！"数学老师正拿着彤的卷子大发雷霆，彤被打击得闷闷不乐。而此时，下节课即将开始了。我意识到，不只是彤，像煜，像明，以及班上的好多同学都容易陷入这种"以偏概全、以点遮面"的负面评价中难以自拔。

"彤，是不是感觉很不舒服？不过杨老师听了心里倒是偷偷地乐了一下呢！"一听我这话，孩子们都瞪大了眼睛："被批评还值得乐吗？""你们会不会听话呀？数学老师这是一棒子把谁打死，说谁一无是处吗？你们再仔细品品。"引导孩子们从语言的角度去分析老师的批评，果然大家找到了不一样的感觉："有时候让人头疼，更多时候还挺好的！""大部分时候老师还是很喜欢你的。""人非圣贤，谁也免不了犯错，老师原来只是在给我们提个醒呀！"……

就着同学们的讨论，我做了归结：如果因为遭遇一次失败即认为自己"一无是处、毫无价值"，那就犯了"过分概括"的毛病，这样片面的自我否定肯定会严重影响自己的情绪状态的……点出问题，就是在给像煜这样的孩子提一个醒——许多话语、许多评价只是针对当下，没有必要因它而波及未来。

摆脱"糟糕至极"的自我认知

"煜，这次没拿到第一是不是觉得很沮丧？"这一次，我开门见山地和孩子进行了探讨。"嗯，又考砸了，完蛋了！"他始终闷闷不乐。"没有考第一，真的很糟吗？那排在班级最后面的那几位同学要怎么办？"毫无疑问，在煜看来，如果一件不好的事情发生，后果是非常可怕和糟糕的，而我却希望他看到：对任何一件事情来说，都会有比之更坏的情况发生，所以没有什么事是"糟糕至极"的。

随后，我开始追问："有没有人比你的成绩更糟？他们是怎么应对和处理的？""这次考试失利，你有没有试着去思考原因？去寻找与他人的差距，以及今后努力的方向？……"这番追问让煜愣了一下，很显然，这些问题他自己从来不曾考量过。我的提示，可以让他对自己的失利有进一步的探索追问，从而找寻差距，明确努力方向。

对于成长中的生命个体而言，他们难免会陷入不理性的情绪当中，将自己鲜活的生命个体和丰富的心灵体验重重围困。为人师者，我们能做的就是引导学生识别出那些引起情绪功能失调的思维和观念，带领他们去质疑、去探究，最终将那些消极的、自我击败的思维转换为积极的、自我肯定的情绪。

重构自我认知，在理性中走上健康发展之路，这是我带领孩子们进行的自我挣脱尝试，也是我为生命成长开辟的另一块心灵疆土。

别让隐匿的沟通需求羁绊成长的心

在我的印象中，宁性格孤僻，总是游离于群体之外。

课间休息时，同学们都三五扎堆地凑在一起闲聊或游戏，她呢，要么趴在教室的窗台上静静地望着窗外发呆，要么远远地在大家活动的外围晃荡。学习活动中，有需要小组合作或者二人互动的环节，她总是显得迷茫慌乱手足无措，旁边的伙伴只好另寻搭档或者干脆无视宁这个人。我这个班主任呢，如此光景耳濡目染得多了，也便有了一个近乎顽固的论断——这个孩子就是趋于自闭，喜欢一个人独处。

那一年，我和班上一个陪读的自闭症孩子的家长共同外出，学习到许多心理分析和诊疗技能。不经意的闲聊中，忆起了曾同场体验过的一次团体绘画活动，我们都对导师敏锐的捕捉能力和近乎神奇的分析结果赞叹不已。带着一知半解的懵懂，我们临时起意在班级里也组织一次类似的集体绘画体验，想看看自己静下心来能从孩子们的绘制过程和画面中捕获到什么样的心灵讯息。

活动流程是这样的：学生们要在黑板上合作完成一幅画作，每个人只有一次机会用不断掉的线条表达出自己所能想到的那件物品，参与顺序抽签决定。当第一个上场的孩子绞尽脑汁绘制出一座小房子后，其他的同学似乎也都找到了自己的绘制目标，大树、小草、太阳、小鸟……倒真的成就了一幅情意浓浓的灵动画卷。

在板面上留下属于自己的那浓重的"一笔"后，学生们乖乖地跟着体育老师去进行室外康复活动了，我和那位家长留在教室里安安静静地观看，细细地回味着每个孩子一举一动间的特别之处。良久的沉默之后，我听到了来自家长的低低啜泣之声。她说："我的儿子是多么渴望融入群体呀，所以他把'自己'放在了画面最密集的地方，但他不知道该如何走进、如何与大家沟通，所以格格不入地在画面中间写了两个字。平时他推别人、冲别人吼，又何尝不是想和别人交往又不得其法的表现呢？但我从来都没读懂过，只会粗暴地呵斥……"

家长的分析与她孩子平时的行为表现确实相称相符。在她的启示下，我留意到了黑板上宁画下的那朵小花，正孤零零地缩居在偌大黑板的一个角落，这样的呈现与校园生活中的宁又何尝不是出奇的一致呢？她知道房子周围有草有树，需要她那一朵花的装点。只是，她看得到整体，看得到每个人的样貌，却怯怯地不知道用什么样的方法去靠近。

为了验证自己的感知和分析，我决定付诸"修补性"的行动："宁，来和大家一起玩呀！"我冲着远远地徘徊无措的宁招呼，主动走上前去邀请她加入游戏群体，游戏中她的笑脸是明媚而舒展的。"想和小宇一起摆积木，那就主动对他说我们一起玩吧"，我鼓励着，宁嗫嚅了半天费力地吐出那几个字并被伙伴接受之后，她的神情间竟有藏掩不住的小兴奋；"想借别人的东西用时，要用语言表达而不是直接动手去拿，这样大家才更愿意和你做朋友"，对于类似的沟通细节，我尽己所能细致地指点着，慢慢地，教室里、操场上竟也时常听得到宁的欢声和细语了……

沟通是个体之间、群体之间思想与感情传递和反馈的重要需求，一旦这种需求没有外显，可能就会传导出一种错误的讯息——此人生性乖僻，不喜与人交往。其实，许多生命个体的沟通需求是因为不善、不得法等生命短板而被掩藏的，一旦藏匿起来的沟通需求被发现、被引领进而得到满足后，也能够绽放出和谐的交融之花，就像我的学生宁。

《教育的情调》一书中指出，一位真正的教师知道该如何去"看"孩子，这种"看"不仅仅是用眼睛看，而是用全部身心去看。对于游离于群体之外、孤独于热闹之中的孩子，如果我们能够尝试用不同的方法、从不同的角度用心去看，就会读出源于灵魂深处的真正渴求，也便能找到弥补短缺的可行之法。

身为教师的我们，不妨多一些"用心"，别让隐匿的沟通需求羁绊住成长的心。

引领孩子用行动去追寻梦想

曾经在班级做过一次小调查："你希望十年后的自己从事什么样的工作?"学生们你看看我，我看看你，竟全然失去了往日畅所欲言的爽快。尽管我再三地鼓励和邀请大家自由表述，但也仅有三五个同学嗫嗫嚅嚅地回应：科学研究、网络工程员、建筑工程师、作家……

如果说孩子们面对自己的人生朝向所呈现出的目标缺失与迷茫令我忧心的话，那么他们对于别人的"科学家""作家"等梦想的不屑与嗤笑则更是令我揪心。在大多数孩子看来，做科学家之类的生涯设想如同痴人说梦般遥不可及。

面对这样一批学习兢兢业业、一切行动都指向分数的"勤奋"学生，我常常思考：他们的未来难道就要一直躺在虚幻的数字证明上吗? 缺少对自我的定位和对人生职业的规划，考再多的分数又有什么意义呢? 基于这些思考，我在班上进行了一场以"构建自我与未来"为主题的成长引领活动。

发现自己，关注长板发展

利用班会时间，我组织学生对他们心目中认可的出色人物进行

"优点大搜寻"，一番讨论下来，学生们有了这样的认知：名人之所以成名成家，是因为有许多优点的支撑和成就。"这些人是完人吗？他们难道没有缺点吗？"回过头来再对这些优秀人物进行深度研究后，同学们发现：原来优秀的人也是各有各的缺点的，但是他们却有一个共同点，就是把自己的优势发挥到了极致。

为了帮助孩子们进一步打破"优秀的人各方面都优异"的固化思维模式，我用泳坛名将菲尔普斯的事例做了引子。童年的菲尔普斯因为大耳朵、口吃、长手臂，常常被同学嘲笑。除了异于常人的身体结构，他还是个令老师头痛的多动症孩子。这样的表现让很多老师都不看好他，认为这个孩子做不成任何事情。可是，游泳教练鲍曼不这么认为，他发现菲尔普斯每次游泳总是迫不及待地跳入泳池，在游泳上对自己的要求比别人都要高，并能够轻松地学会别人掌握不了的技巧。鲍曼说服了菲尔普斯的母亲，训练菲尔普斯参加游泳比赛。后来，菲尔普斯通过刻苦努力，成了世界泳坛的一个传奇人物。

借着故事，我向学生阐述了这样一个道理：成功者是因为寻找到了自己的优势，并且通过有效的手段来持续促进它的发展；而平庸者却是先找到了自己的目标，却不肯改变自己的劣势，最终败下了阵，穷其一生也难有成就。

最后，我引领学生将自身优势与自己的兴趣爱好进行有机整合，最终厘清自己的价值追求，树立起有朝向的奋斗观。

认识世界，定位成长目标

教育的最终着眼点是培养社会人，这就决定了我们需要引导学生思考这样一个问题：你置身于一个什么样的社会中？这个社会对人才有何种需求趋势？自己的兴趣、能力、价值观念等能否匹配所心仪的职业？……对此，我在引领学生向内进行了自我探索、优势找寻后，又着力为他们铺筑与外部世界相连的通道。

首先，我鼓励学生借助网络进行调研，了解现有行业及行业内所设置的不同职业类型，并以研讨交流的形式思考当下所学知识将会为自己的职业朝向提供什么样的支持储备。通过这样的调研，孩子们会意识到通过学习发展自身能力的重要性，进而会努力将自己的学习状态调整到最佳，并不断朝目标迈进。

其次，我引领学生通过阅读书籍、观看视频资料以及访谈式调研等多样方式来感受这个世界正发生的巨大变化。沿着时代的印迹一路行来，孩子们自然而然能意识到这些变化所催生出的新兴职业。尤其是互联网冲击下，社会对于人才的需求愈趋多元和精深，对于职业素养的要求越来越趋向创新型、复合型，如此背景下，孩子们自然会生发出一种清醒的认识：唯有不断学习新知识、研究新技能，以超前的眼光去规划、成长，才可能立于不败之地。

以终为始，实现自我发展

当孩子们对于自己的未来职业规划有了定位后，剩下的就是朝向目标勇敢地进发了。梦想的蓝图设计容易，实现却是难题，毕竟前面的路途十分漫长。

面对这一难关，我借用了一个小故事为孩子们指点迷津。1984年，东京国际马拉松邀请赛中，名不见经传的日本选手山田本一出人意料地夺得了世界冠军。两年后的意大利国际马拉松邀请赛上，他又一次折桂。两次赛后面对记者"如何取得如此惊人成绩"的采访，他的回答都是同一句话：用智慧战胜对手。起初人们多以为他是在故弄玄虚，直到十年后他的一本自传揭开了谜底。他说：每次比赛之前，我都要乘车把比赛的线路仔细地看一遍，并把沿途比较醒目的标志画下来，第一个标志是银行，第二个标志是一棵大树，第三个标志是一座红房子……这样一直画到赛程的终点。比赛开始后，我就以百米冲刺的速度奋力地向着第一个目标冲去，等到达第一个目标后，我又以同样的速度向第二个目标冲击。四十多公里的赛程，因为被我分解成了这么几个小目标，而变得容易，能轻松跑完。但最初，我并不懂这个道理，我把我的目标定为四十多公里外终点线上的那面旗帜，结果当我跑到十几公里时就疲惫不堪了，我被前面那段遥远的路程给吓倒了……

无须更多引导，智慧的孩子们就会明白：人生路上常常有半途而废的情况，很多时候或许不是因为难度多么大，而是离目标太遥远了。如果能学习一下山田本一的智慧，将看似远大的目标分解开来，定下即时的、明确的计划，梦想的实现也许就没有那么困难。

把目标当作起点，一步一步地去追寻、去实现，自我发展的朝向最终就会变成理想的花与果。

生涯规划教育，其实就是一种对行走路径的梳理、对未来追求方向的确定和对有效方法的执行。面对成长中迷茫无措的这一代，身为教师的我们必须根据外部环境和资源的变化，引领孩子们自我辨识和调整，最终以指向性的行动引领他们去圆自己内心所追寻的那一个梦。

在不断照鉴中找寻回归的路

"有什么了不起的，我根本就没把这次考试当回事，不然还能有她当第一的份儿？"这是蕊的声音。"嗯，咱们班谁能比过你呀！不过她最近也特别努力，我觉得这样的结果还是挺正常的。"另外一个勉强应和的是她最要好的朋友姿。"我跟你说吧，她和我们家住一个小区，她爸没正当职业，她妈在超市里打工，有这样的家庭，她不努力怎么办……"女生厕所里的这番对话被我不经意间捕捉到了，越去品，便越觉得这绝非一次普通的对话，而是一次鲜活的成长心灵镜照。

在我们班，蕊是学习上始终独占鳌头的佼佼者，是学校各个社团炙手可热的宠儿，也是班级中各项活动的策划者。按说，碰到这样既省心又出彩的学生，我这个班主任应该倍感欣慰。但不知为什么，日常生活中的种种反馈给我的，却是一种说不清道不明的不安。比如，安排班级活动时，有的同学提出异议，她会傲气地甩出一句"你懂什么"，俨然自己才是权威；再比如，学校优秀学生评选，她趾高气扬地宣布"我要参加，你们都不用报名了"，然后就径自填写了推荐表格。

这么一个过度以自我为中心的孩子，要如何立足于群体、融入社会呢？起初，同学们对她的言行表现还不以为意，但最近我察觉到：班级学生在慢慢与这个热门人物疏离，俨然大家是一伙，蕊自成一派，甚至连昔日的好友姿也对她表现出了客套。更让人忧心的是，对于别人远远躲开的姿态，蕊依然盲目自信着——他们就是嫉妒我优秀，和我相处时她们都没有自信……

作为班主任，介入蕊的成长，让这只迷失的孤雁回群，是摆在我面前刻不容缓的一件事。只是，把事实因由剖给她看，把道理做法讲给她听，诸如此类开门见山的方式，肯定不是明智有效的做法。要撬动一颗迷失的心，让她情愿转入正轨，还要巧妙地转一个教育的弯。

操场上，孩子们正在进行抱团游戏，大家都玩得热火朝天，不亦乐乎，但蕊是个例外。无论三个一团，还是五个一团，同学们似乎都有着心照不宣的默契，没有人向蕊靠拢，而很想和大家凑成一团的蕊屡屡因为被无视而落单……一节活动课下来，蕊全然失去了往日的张扬利落劲，明显失落寡欢了起来。

"玩得不开心吗？老师看你兴致可不高，发生了什么事吗？"我故意慢下脚步，等了等落在队伍后面的蕊。她沉郁地摇了摇头。"有问题随时都可以找我哦，以前小蕊有什么烦心事不最爱向杨老师吐槽吗？"没有继续追问，只是在孩子面前垫了一块名叫"信任"的基石，等着她愿意的时候来踩。

那场游戏后，一向心高气傲、聪慧敏感的蕊自然感受到了大家对她的孤立，也时常以沉寂的姿态打量别人间的热络活泛……一周后的某个放学时间，蕊走进了我的办公室，向我倾吐了大家对她的疏远、孤立以及她自己的憋闷、不解和委屈。

"杨老师真心觉得你自身素质足够优秀，也为班级工作出了不少力，按理说，同学们没有理由这样对你呀！这是怎么回事呢？""大家这样做，肯定还是有理由的吧！"蕊闷闷地回应着。其实，我的"没有理由"只是提醒蕊意识到"可能还是有理由的"。一番对谈后，我也"分析不出到底为什么"，便提议："杨老师前些日子读了一本书，书上有一部分罗列了一条条人们在生活交际中最容易犯、自己却又难以意识到的错误，不对照不知道，原来我在和同学们说话的时候，常常会太过强势，伤到别人。要不，我把那段内容分享给你，你自己试着去比对一下？"

第二天，我为蕊专门量身定制的"反思清单"便面市了："1. 别人问我问题时，我是充满耐心还是很不耐烦？2. 别人超越我时，我是认可他的努力真心祝贺还是不屑不平？3. 与别人意见冲突时，我是唯我独尊、固执己见，还是耐心聆听、平和商议？4. 与别人……"

借着这样的清单，蕊对自己的言行有了一次深刻的回顾与审视，也从中照鉴了自己的自私、不足。"老师，以前在处理很多事情时，我确实只考虑了自己的需求，不曾关注同学们的感受；我也总觉得自己出色优秀便高人一等，却不曾想过每个人都有独特的长处……现在我很想重回伙伴们中间，却真的不知道该怎么做！"

"老师觉得，你可以细心地观察下身边的同学、朋友，从每个人身上都找出一点或几点值得学习的地方，用他人的优点来照鉴自己的学习、成长，这样肯定会有进步的！"蕊的主要问题是把自己放在了中心，无视他人，我这个提议，是希望能从根源之处予她一些帮助和指引。

　　不过是转了些弯的一束光，却让蕊的身上有了明显的转变。其实，面对孩子成长中的那些弯曲偏颇，强行地去纠正扭转往往效果并不理想，倒不如巧妙地为他们备下一面"镜子"，既映得出来时的缺失，又照得亮去途的方向，最终，让心灵回归理性，让成长遥指前方。

着眼点和面，让偶像之光映照生命成长

偶像崇拜是青少年心理发展过程中相当普遍的现象。当年轻生命个体的认知、情感发展到一定阶段后，便会对某个（某些）与自身相比处于高位或具有某些行为闪光点的人产生仰慕、钦佩的心理，进而在思想上膜拜亲近、行动上追随模仿。

作为班主任，我们必须清醒地意识到学生成长中这种崇拜行为的发生其实是无法规避的，而且当代青少年群体的偶像崇拜也是完全被时代的绳脉所主导的——既非书上所描绘的那种对宗教信仰或英雄主义行为的崇拜，也非二十世纪风行的对标兵模范、领袖人物的尊崇，而是对华丽包装后"风光"的各路网红明星的痴迷。特别是近年来，因极度的偶像崇拜事件而导致的偏激、狂热或失控行为层出不穷，将身心发展导向了偏颇、失度、虚幻的轨道。

若不能对偶像崇拜现象进行正确引导，势必会导致孩子们在成长的丛林中迷失方向，走偏走弯。因此，针对偶像文化进行趋利避害式的转化引领，在成长中就显得尤为重要和必要。

找准偶像的点

　　学生迷恋文体明星、网红怎么办？这是很多师长面临的最不好破解的成长难题之一。很多班主任老师更是恨铁不成钢："成绩突出的同学大有人在，凭自己努力取得成绩的也不乏其人，何至于就非得迷恋那些油头粉面、只会对着镜头作秀的明星？"

　　这样的愤叹其实只是看到了孩子们迷恋偶像这一问题的皮表，没有深入去查探学生究竟是被偶像的哪一点所吸引，为什么被吸引。其实只要调换角度走进学生心灵，我们就能发现其症结无非聚焦于几个点上：人前光鲜亮丽、台上万众瞩目的光环；特立独行的处事风格与人格魅力；网络上铺天盖地的成就宣扬……这些点恰与学生青春成长节点中因身心不断发展渴求关注、赢得肯定的心理是不谋而合的。既然孩子们在成长中都难免历经这样的阶段，生生切断这些需求肯定是不现实也不利于成长的。如果教师能够智慧转化、准确洞察的话，就可以使迷恋崇拜之情中生发出激扬、引领之力。

　　和很多班主任反对学生追星、反对偶像崇拜截然不同，在与孩子们打交道时，我会把聊明星谈偶像当成一座师生间的情感连接之桥来用。首先，我会主动和学生聊自己曾经喜欢过的偶像，分享从他们身上所受到的成长启示和激励，这样的分享有利于拉近师生间年龄上的距离，会吸引孩子们主动敞开闭锁的心扉。其次，我从来不粗暴地否定学生所认可喜欢的偶像，而是帮助他们找寻偶像之所以能脱颖而出凭的是哪些关键的"点"。

　　有段时间，班上的许多孩子痴迷 TFBOY，而且是易烊千玺的超级粉，我就会用我的发现来主动讲他们的偶像：刚刚出道时的易烊千玺由于样貌不出众没少遭调侃和嫌弃，有些不理性的人还邮寄可怕的东西恐吓他让他退出组合——这需要强大的心理调节能力才能不被击垮；曾经的他上台说话总是很紧张，声音很小——这需要不断地挑战自己才能够适应和改变；他和工作人员在一起时总是毫不吝啬地拿出自己带的好东西来分享，跨年演唱会上看到地上撒落的糖果会赶紧捡起来——这种友善谦和的品行最终汇聚成了他独特的魅力……如此一番交流下来，孩子们就能深切地感知到偶像身上的光环绝非与生俱来，而是用汗水和努力一点一滴成就的。这样就把明星从高大的台上拉了下来，也更容易触动成长中的心灵，成为一种有光的引领之力。

扩大偶像的面

在生命的不同阶段谁的心中不曾立着一个鲜活的偶像式的人物伴自己一程呢？谁的成长又没有因受到他人的影响而别有生气和力量呢？身为人师，如果我们回望自己的来路，可能就更容易理解发生在孩子身上的偶像崇拜现象，也更能意识到"崇拜"不是问题，"崇拜谁"却大有差别。

当下青少年群体在成长中无疑犯了一种崇拜偶像的"闭塞症"，他们目光所及、内心所关注的无非就是那么几个网红和艺体明星，狭窄的偶像面怎么能满足蓬勃健康的生命发展需求呢？因此，扩大偶像的面，拓宽孩子们的精神世界，才是教师必须去为青春成长所做的努力。

面对新冠疫情，钟南山院士以八十多岁的高龄再次奔赴抗疫最危急的一线，这样的人如果不能成为屹立于孩子心中的一面偶像之旗，岂不是一种缺憾？因此，借力疫情防控期间铺天盖地的与钟院士相关的消息，我鼓励孩子们自行查阅他的生平，去了解他的学术和工作经历，去感受从"非典"到"新冠"他始终如钢筋铁骨般巍立的担当。在人人都为生命忧心、为病患揪心的时刻，这样一位以救世之姿挺身而出的医者自然成为全民偶像，学生也必定会重新品咂"榜样"二字的真谛。

钟院士学术之高、风骨之挺世人叹服，确实在一个特殊的节点成为令学生崇敬的新偶像，也激发很多孩子明确了追寻、努力的新航向，但这还远远不够。我希望他们意识到，哪怕近前一个渺小的普通人，身上也有着值得仰视的光芒。

我选择了恰当的时机和孩子们分享身边寻常"小"人物的点滴：黄婷是荣成市人民医院呼吸科的一名护士，在大年初四这个本该阖家团圆的日子，她却主动选择了"逆行"湖北灾区，并劝慰家人"没有大家，何来我们的小家，抗'疫'我责无旁贷"；张大爷是学校传达室的门卫，他的工作是负责对进出校园的行人车辆进行登记，但每天早晨在师生还没进校园前，他总是把校园内外打扫得干干净净……只要孩子们留心就会发现，偶像无处不在，他可能就是我们身边的再平凡不过的普通人，他的独特光芒就散发在最为寻常的一举一动之间；只要教师善于做一个引领者，偶像崇拜同样也可以变成一种正向的能量。

抓好偶像身上的点，去点醒青春迷茫的灵魂；扩大偶像崇拜的面，去直面多样人生的精彩：这样的引领和转化，才是对青少年成长最为熨帖的心灵关怀。

让"进取"之果触手可及

记得《伊索寓言》中有一则关于狐狸和葡萄的故事，它让我想到教育中那些所谓"不求上进"的孩子是不是也从来没有品尝过"进取"这枚果子的甜美呢？于是，在一次次努力尝试却又一次次失败后，便有了潜意识里错误的自我暗示：前面的那枚果子没有什么大不了的，我才不要白费气力……

为人师者，我们能做的就是尽力察觉孩子成长中那些令身心消极的"因"，尽己所能赠予他一枚可以触摸在手、品味在口的甘甜之"果"，让心灵的种芽慢慢萌生出希望的绿意。

创造时机让"果子"离得再近些

对于那些看起来"不求进取"的孩子，我更愿意多一些心灵上的关注，并将其作为下一步有针对性行动的突破口，让他们只要站起来就可以体验到成功，只要伸伸手，就能触到肯定与赞许之"果"，在浑然不觉中亲自尝一尝"果子的甜"。

捕捉到宇的异于寻常缘于一个课间，同事手里拿着魔方路过我班教室，这个对什么事都意兴索然的孩子抬了好几次眼皮将目光从同事手中扫过。这些细节令我的心怦然一动，我顺势将魔方截留并关起门来让孩子们逐一尝试。轮到宇时，他果然三下五除二就将六个面排列得齐齐整整。我惊诧赞赏的表情自然也引得班上的孩子们夸赞声、羡慕声一片。"这么有难度的事你是怎么做到的？身边还从没有人能把六个面全排列上，我一直以为那是电视里才有的事，快教教我们!"真心的求教声也将其他不安分的小家伙们哗地一下全吸引了过来，被围在中间的宇边示范边用略显笨拙的语言讲解着，几抹笑意与自信悄然爬上了他那犹带几分稚气的小脸。

巧设梯度将"果子"挂得再高些

"尝到果子"只是第一步，在孩子们食"果"而知其味后，我引导孩子们发现愈是高处的"果子"愈是别有滋味，遗失的自信在不知不觉中悄然复苏。感受到"进取"的甜与乐后，孩子们又岂会无求呢？

宇是个敏感、个性倔强的男孩，在转化过程中，我很少与他正面过招，而是用一些暗示技巧小心地旁敲侧击。比如：我的起始目标是期待他能在课堂上打起精神，于是在闲聊时我就会提起"同学们都说你越来越会听课了"，用同伴的认可促他踮脚"取果"；上一个目标达成后我又希望孩子能积极主动参与到班级活动中，于是便会"转述"科任老师的话——"你们班的宇就像一簇小火苗，走到哪儿就将活力点燃到哪儿"，以老师的肯定助其起跳"摘果"；渴盼孩子能够积极思考、勇于尝试，我又会施一些"怪不得他们都说咱班有个头脑灵活的孩子，你从不畏手畏脚让人很放心"之类的魔法，搭把手助孩子爬到树上……

在宇身上，我的"诱导之术"既像一滴唤醒种子的雨露，润泽着干涸已久、忘记前行的心，又如几缕拂却困顿的微风，吹开了探索的、自信的生命之花。

慧心呵护，为"果实"注入保鲜剂

教育路上，仅仅让学生品味到"果子"之甜、体悟到"高处别有惊喜"是远远不够的，关键是得让这枚"进取"之果保鲜，我的妙方便是让心田时有雨露注入。

与其他孩子的乐观、自信相比，宇偏内向、冷漠。这样的性格是与生俱来的吗？面对一个心门闭锁的孩子，要真正进入他的世界看看其实很难。但好在，我一直研究的沙盘游戏心理疗法带来了颇为震惊的发现，我了解到宇绝不是没有感情的，他只是还不会正确地与人相处。有了对心灵的洞察，再碰面时我就会热情主动地和宇打招呼，因为我知道他漠然的外表下必定藏着一颗暗自欢喜的心；班级活动时，我一定为他选择一个最有活力的小组，因为我相信快乐也会相互传染；课下闲聊时，我会和孩子们谈些自己与别人的相处之道，因为我看见了那颗心灵对我的崇拜与模仿……

在对细节持之以恒的关注中，在对心灵不曾倦怠的润泽中，我送出的是一枚果子，找寻的是不同的保鲜妙方，收获的则是一颗颗饱满的种子，绽放着希望的光芒。

建设别有活力的班级 第二辑

　　班级不是"管"出来的，是靠专业的教育智慧与敏锐的问题感知建设而成的。如何快速聚合形成富有特色的学习氛围？如何向生活资源和现实素材借力涵养生命成长？如何用多样活动立德树人扬展强健羽翼？……这样的"建造"相当不易。

　　可是请相信，思考能找到激发活力的璀璨光芒，研究能生发出巧妙的建设智慧，而实践能让所有的根更牢固，所有的枝更繁茂。

全盘发力，让散沙汇聚成塔

即便已经做了十多年班主任，我依然为新学期刚分到的这块"烫手山芋"狠狠地头疼了一把。班级由十二个智力落后的初中孩子组成，有的学生因自闭时常情绪失控，有的孩子因多动在凳子上坐不了几分钟，更多的是处在青春期的躁动中让你永远也摸不透下一步会出什么招的"熊"孩子……

领导亦有领导的苦衷："有的家长是循着各种门路找来，点名道姓地就要去杨老师的班；有的孩子是一般的班主任镇不住的，你办法多只能交给你试试！"面对着似散沙一盘的班和家长、领导的希望寄托，我意识到这绝不是一个人能够应对的局，唯有多方筹谋，才是破局立班之道。

拉家长"下水"

在一个和谐而富有凝聚力的班集体的构建与打造中，秉性不同，或顽劣或执拗的孩子都不是最大的问题，最令班主任头疼的恐怕是认知各异又惯于以自己的视角和理解对教育指手画脚的家长们。老师"太严厉了，没有爱心；太柔和了，镇不住学生；太粗放管理了，养不成好习惯；太事无巨细了，限制了孩子自主发展"之类的苛责，皆出自家长之口。因此，成长孩子、成就班级的第一步得是我的工作之道能够赢得家长的支持。

"各位家长好，今天是我们第一次碰面，老实说，这个班我真是不想接，也去找领导辞了好几次，做了这么多年班主任有些累了，而且咱们班的孩子情况也有点复杂……"与家长们第一次碰面，我就露出了极大的不情愿。"哎呀杨老师，可别，我可是费了好大劲才把孩子安排到你的班上的。以前我们村凯的妈妈一直说杨老师是个特别会管教孩子的班主任，后来我每次路过你带的班级门口都会有意观察，你班的孩子确实特别有精神又守纪律，你千万别不干呀！"我故意卖的关子很快便引来了主顾，臣的妈妈已经迫不及待地把底牌和盘托出，很快另两个"有所要求"的家长也附和了起来。在这种气氛的烘托下，其他家长也都兴奋得如同中了奖一般——"原来我们运气这么好，碰到了一个特别优秀的班主任！"于是，家长统一战线联盟很快达成了，他们就一个愿望，为了自己家熊孩子的成长请杨老师一定要继续干班主任，需要家长做的尽管开口吩咐。

见全体家长纷纷遂了我的愿"主动跳到水里"来，我便就势介绍了下自己的带班之道："理性爱每一个孩子。原则性问题，需要孩子遵守的规矩，来不得半点放任，必须严格要求；孩子表现出色的地方，毫不吝啬地肯定和奖励。终归，作为一个班主任，我要以放之社会能适应的原则去培育我所带的孩子。""优秀班主任"的话自然是很有道理的，家长们纷纷点头赞同。随后，我指出了分班后短期观察所了解到的每个孩子的状态，先肯定孩子身上的亮点，然后指出接下来哪些方面如果得到训练或纠正会更好。家长们心服口服——人家杨老师一眼就能看出咱孩子的问题。他们哪里知道，为了这次家长会，我可是提前四处拜访、全方观察，做足了功课呢。

见时机几近成熟，家长们"全力支持配合"的态也表得差不多了，我便向家长们提出了"小小"的要求："为了孩子们健康成长，也为了让咱们的班级尽快齐整有序起来，偶尔可能需要家长配合下我的工作，对孩子的要求也尽量和我保持一致。总之，就一个目的，为了孩子的成长。另外，一定要多沟通，没有什么问题是沟通解决不了的！"

就这样，我的班级管理工作得到了家长们的鼎力配合：如何帮助能让好动的孩子尽可能长时间地投入学习，如何陪伴有利于自闭的孩子尽早融入群体，怎样持续的严格训练可以让孩子身心得到康复……无须刻意要求，只要在沟通中把一点点建议加进去，家长们就会马上行动。毕竟，多数家长可都是"很配合很努力"呢，谁都不愿意让自己在众目睽睽之下信誓旦旦表的态变成别人眼里的"只说不动"。更何况，在这样的尝试与坚持中，孩子的成长与变化确实是看得见的，配合的动力自然就更足了。

引学生"上钩"

如果说家长对班级建设的参与和支持是一项奠基工程的话，那么学生对班级生活的渴望、对校园生活的融入、对班集体制度的遵从便是一种关乎拔节与生长的事。我的心中纵有诸般班级建设的美好设想，也得学生愿意"上钩"，与我共同赴约才行。

有自闭倾向的孩子心扉闭锁，只有长时间的碰触才可能轻轻打开一条隙缝；多动的孩子对外面的世界永远充满着好奇，除非教室里有足够的精彩才能留得住他们时时跃动的心；青春期的心灵里永远潜伏着不安分的情绪按钮，一不小心碰错就可能有想象不到的意外发生。在这几种类型学生的成长中，我必须用尽可能多的时间在教室里打造出一个有气场的成长焊接点，既便于管理，又能让孩子们的心灵有所安放，让成长中的生命拥有薄发的力量。

为了让所有的孩子都喜欢共同生活的班级，进而在班集体的影响和浸润中不断修正自己的行为，我从三处着手为孩子们打造了有吸附力的集体生活。一是每天早晨精心为孩子们营造一段特别的相处时光：今天讲一个故事，明天出去做一个集体游戏，下次再即兴编一首儿歌共同诵读……没有人知道下一站会有什么样的惊喜和精彩，每个人也都对明天的时光充满了憧憬和期待，甚至有些孩子还会为第二天早上活动的开展献计献策。看似随性而起的晨间活动设计，其实都是我刻意通过不同的手段施的向心之力。二是为每一个孩子栽下一棵见证成长的绿植：孩子们自己选择想栽种的植物，自己观察养护，我负责提供技术指导支持。为了让孩子们悉心守护植株的成长，我巧妙地把每个孩子的名字与植物相结合，比如：成君是班上一个虎头虎脑的孩子，他种下了一株虎皮兰，那一盆就被命名为"虎虎成君"；小芳的含羞草在教室里迎着光亮散发着绿意，我就帮它起名"'芳'草青青"……与其说是种下了植物，倒不如说我是将孩子们不安分的生命栽种到了更适宜生长的教室里，种植、观察、守望，无论哪种类型的躁烦的孩子，都会在与绿色的"自己"相守相伴的成长中平和明朗起来。三是不定时地发布"美丽成长"播报：××在哪节课上因努力而出了彩，××做的微小举动温暖到了他人，××不经意间维护了班级的形象……我或者科任老师都会在捕捉到后随时发布，并隆重地投学生所好进行"微"奖励，比如奖励孩子与老师同桌就餐，把孩子的行动和照片发布在公示栏里，通过学校广播公开表扬，等等。

在这样的班级氛围中，孩子有所期、有所向，不断地感受着集体生活的快乐和自我存在的价值，自然就鲜有管理上的麻烦。而我，只是一个根据学生的成长尺码不断地布局放钩的人，这样的钩，有情有趣亦有温度。

向搭档"示弱"

我始终认为，一个和谐班集体的建设除了需要家长的助力，更离不开科任老师的支持与合作。因此，在班级发展中，我始终都避免把自己变成唯一的管理者以及班级活动当仁不让的策划者，也始终提防着尽量不让科任老师产生这样的认知——班级是班主任的地盘，自己只负责上好课。班级发展是一个大盘，一旦我这个班主任和其他老师缺乏沟通，缺少配合，班级管理中的许多问题势必就会失衡，并且会向着施力重的一方倾斜。

科任教师的作用不容小觑。他既是某一门课程教学的执行者，也是孩子们成长路上不能缺少的引领者，更是班级管理中最为重要的合伙人。一旦厘清这种关系，作为班主任的我便努力化被动为主动，以"示弱"的姿态适时抛出合作之枝。

首先，我会主动进行成长分享。课堂上孩子们字写得好，我会去感谢语文老师、书法老师对孩子们平时的悉心指导；操场上孩子们的体能素质有所进步，我会归功于体育老师和我一起用心的训练；手工制作中孩子们的表现抢眼，劳技和美术老师功不可没，是他们引发了学生的思维与创造……任何成长喜讯我都会敏锐地找寻到任课老师付出的痕迹并主动向他们汇报分享，这既能让老师们感受到自己的专业指导价值，又是一种无形之中的心理暗示，在这种"全是因为有了你"的标签下，任课老师会真实地感觉到自己对这个班级良性发展的作用之大、对学生成长的影响之重……当人人都以班级发展为中心，都以孩子们的成长为重心，一切的沟通、分工或合作便都因为共同目标的牵系而有了温度，有了凝聚的向心力。

其次，遇到问题我会适时求助。我不是一个全能的班主任，却要引领着孩子们全方位发展，这时就要主动降低姿态向其他老师借力。比如班上的学生情绪有了小波动，我会找个机会邀请班上所有的学科教师共同分析原因，寻找转化办法；如果管理上有一些难以破解的问题，我也会诚心地把问题摆给大家看，让老师们为"咱们班"的发展支支招……这些微小的细节都是一种无声的昭示——我们是一个整体，班级的发展离不开所有老师的付出。更何况，有时候从不同视角审视后提出的解决办法确实能够更为有效地解决问题，在这种合力解难的过程中，也更容易形成群体间相互理解、支持与合作的默契。

也许，当初我接下的那个班确实让许多人觉得散乱得无从抓起。可是，当我试着打通班级发展的各个渠道，让所有的力量都向"班"而聚时，一座富有生命力的成长之塔就在用心经营下坚实地矗立了起来。新班，源于"心"的付出；成长，始于力的汇集。

建设有凝聚力的班级

作为学校教育教学基本管理单位的班级，是否具有向心力和凝聚力直接影响到学生群体的成长状况。平庸的班主任往往不具备一种超前的集体构建意识，因此面对学生成长的棘手问题、行为偏差、心灵失衡等现象的处理，只能见招拆招，被动应对。而智慧的班主任却善于营造集体气场，巧妙转化引领，化被动应付为主动防控，在班级发展的土壤上弹拨出和谐的成长乐章。

借"从众行为"凝聚正向能量

细心的班主任不难发现：学生中间，不论在任何方面稍有点风吹草动，都很容易迅速演化为蔓延之势。一个孩子打游戏，慢慢地班上就会诞生出个"游戏团"；一个学生不经意冒出的口头禅，说不定哪天就被一群人挂在了嘴边；餐厅边的垃圾筒里一旦出现几块白馒头，很快就可能有更多块……如此种种，说穿了其实都是从众心理在作祟——你玩我也玩，你扔我也扔，不然好像显得自己另类，更何况许多情况下往往是"法不责众"的。

何谓从众心理？为什么这种微妙的心理状态竟然能对个体的行为产生那么大的影响呢？其实所谓从众，就是指个体受到外界人群行为的影响，而在自己的知觉、判断、认识上表现出符合于公众舆论或多数人的行为方式。其显著的特点是容易不加分析地接受大多数人认同的观点或行为，其产生的根源是群体压力。

既然从众心理能够导致班级中的不良态势滋长蔓延，班主任的应对转化能力就显得尤为重要。

有一次，在学校的集会活动中，班上的两个孩子交头接耳，我想来个"杀鸡儆猴"，把两个肇事者狠狠地批评了一顿。谁承想，没过两天，升旗仪式时这种行为竟然在更多的孩子身上上演了。几经反思，我意识到自己对不守规矩者所谓的严惩，其实恰恰在无意中强化了这种行为，因为小学生对外界信号的接收常常是有趋利性的，他们更多地捕捉到了"交头接耳"这一关键行为，而忽视了我的否定禁止之词。

在后来对班级问题的处理中，我就更加谨言慎行，尽量避免群体的负向影响，让"从众行为"正向着陆：有的学生作业没有按时完成，那我就去肯定认真完成作业的大多数；有些孩子课间操时你推我搡，我就大力表扬那些跟上队伍认真出操的孩子……调转了方向后，效果立竿见影，那些对正面人物、正向行为的"从众"，让我的班级正能量越来越多地汇聚了起来。

用"赋权增能"强化集体意识

作为班主任，我们有时无法理解孩子的行为：作为班级的一员，为什么就不能遵守班级规定呢？明明是集体中一分子，为什么就没有集体意识还动不动要给班级"抹黑"呢？老师的苦口婆心都是为了你们好，为什么这份良苦用心熊孩子们就是体会不到呢？

教育管理中有一种赋权增能理论，强调要尊重教师个体的主观能动性，赋予教师以政策制定和决策参与的权利，从而减少其在教育教学中的"无力感"，要为他们在工作和生活中提供、创造机会，增强自我的权能。大量研究证明，当教师个体能够参与到教育教学决策中并且成为实实在在的践行者时，能够对自身工作产生实质性的推进作用。

教师在被充分"赋权"后，业务能力会进一步彰显，那我们的学生呢？他们是否更需要在班级中找到存在感和主宰感？答案毋庸置疑。于是，在班级管理中发现了某些共性问题时，我常常会召开主题研讨会，引领学生用头脑风暴的方式列出尽可能多的解决方法，然后由他们自己商讨确定最终的可行性方案。当拥有了自主权后，孩子们更乐于从有利于问题解决的角度来思考化解之道，找寻可行的办法；当这些办法是经由他们的商榷而最终产生的，大家自然乐得遵守和执行，也就自然而然地汇聚到了自己制定的行为框架内。

此外，在日常的管理中我也大胆放权，鼓励孩子们以"量体裁衣"的方式推举自己的小伙伴在班级里担任不同的职务。有的同学喜欢收藏东西，班级就把他聘为小管家；有的同学点子多，大家就让他去策划班级活动；有的孩子沟通能力强，有外交联络事宜便由他出马……孩子们自己推选出来的"事务员"，必定比老师直接任命的更能服众；上任者是因团队的信任得到了"提拔"，自然也就更愿意不负信任服务于集体。更重要的是，在这样的放手中，孩子们的自主能力得到了发展，班级的凝聚力得到了加强，每一个体都在集体的正向影响中昂扬地成长着。

以"标签效应"造就积极暗示

"说你行，你就行，不行也行"，这绝非一个搞怪的语言文字游戏，而是一种神奇的心理现象——标签效应。美国心理学家贝科尔指出："一个人一旦被贴上了某种标签，就会成为标签所标定的人。"

有心的班主任会发现，在学校教育中，某个孩子一旦被贴上了"差生""问题生"之类的负面标签，那么其他的老师、同学便会自然而然地将这个孩子与标签所标定的内容画上等号。时间一长，孩子自己也就慢慢地被标签同化，真的差了起来。同样，当班主任老师总是对着学生唠叨"你没有集体意识""你总拖大家的后腿""你总是不能遵守班级规定"之类的话，孩子们潜意识里就会不知不觉地给自己定了位："我管他什么集体""我是来拖大家后腿的""我就是不能遵守那些乱七八糟的规定"……

既然负面标签会让人朝着不好的方向转变，那么反过来，正面标签则能够使人转向光亮一面的。因此，每接手一班孩子，我都喜欢用这样的话来开场——你们是我见过的最有活力的小家伙；每个清晨走进教室，我都会以愉悦的心情和大家分享我的感受——咱们班散发着浓浓书香；每次组织集体活动我都尽可能送上我的肯定——你们真是一群自律的小家伙！

威廉·詹姆斯曾指出："人性中最深刻的禀赋是被赏识的渴望。"老师对学生的肯定与认可必定会在学生心中播下一颗信念之种，引领着成长的生命为了达到信念而不断地努力着。所以，在对班级群体的成长引领中，我更乐于为学生们贴上"正面标签"和"阳光符号"，以积极的暗示引领他们沿着我划定的航线一路前行。

如果说，富有凝聚力的班级气场是学生成长的璀璨星空，那么班主任就应该是一个会施魔法的造星人，巧拨心弦，妙引航向，用群体规范的汇聚之绳，牵系着每个学生向光成长。

个性发展：班级文化建设的应有之义

班级文化是一个班级发展的灵魂，既彰显了班级鲜明的个性与形象，也让一个群体有了独特的气息。更重要的是，在一个动态而系统的发展进程中，无论是隐性的文化底蕴还是显性的文化彰显，其着眼点都是以"文"化人，调节并满足个体的成长需求，约束并规范个体行动，进而培育出全面发展的"人"。但学生个性不一，班级文化倘若千篇一律，肯定满足不了他们的发展需求。因此，良好的班级文化必须得是量体裁剪、依性打造的，只有这样，学生才能获得各自所需的营养，最终拔节生长。

投学生所"好"，让文化彰显个性

班级文化应是一种基于学生的个性差异而形成的特色文化，对学生群体的行动起着无声的引领作用。因此，顺势而为营造文化气场，方为班主任的智慧管理之道。

1. 基于共性关照差异

一个班级有三四十个截然不同的生命个体，他们都亟须被关注被满足。在如此复杂的大背景下，班主任该如何去打造个性的班级文化呢？我认为，班主任首先要基于学生成长的阶段性规律来定位。因为不同学段、年龄段的学生对文化氛围的察觉度与敏锐度、对文化的理解力与感知力是不一样的。其次，班主任要有总体规划意识，整体构建班级文化。每个班主任对于自己班级的发展都有一个设想和构思，班级文化的建设肯定不能偏离这个大的发展方向，更不能随意更改方向。在此前提下，班主任再从差异入手去构建班级文化，才能最大程度地满足学生的个性发展需求。

数年前，我在我所带的一个初中班级开展了基础教育阅读改革推进实验。毫无疑问，我首先要着力打造一个学习共同体，这样，阅读素养的提升才能成为这个班级的文化追求。如何既能从共性出发，又能关照个性呢？我认为首先要知道学生的兴趣点在哪里。于是，我留心观察了学生平时的阅读喜好，然后成立了不同类型的读书会，如按照题材成立诗歌散文、经典小说、科普知识等社团，然后由学生根据自己的兴趣自由选择加入。其实，在任何班级活动中，我们都可以结合学生的小群体优势来做风采展示和特色策划工作，让学生充分感受到自己的兴趣爱好得到了教师的尊重和认可。

2. 着眼兴趣搭建平台

班级文化建设需要一个合适的载体来实现，而学生的个性发展及兴趣爱好也需要一个恰当的平台来展示。因此，班主任在班级文化建设时必须认识到：班级活动策划不仅要尊重学生与生俱来的个性，而且要关注学生当下的兴趣爱好和认知经验。只有当学生觉得自己在班级里是被接纳被认可的，他才能够在集体中承担一种积极的角色。

我曾经带过一个班，该班的学生规则意识较弱，经常令任课教师头疼不已。经过一番观察，我发现有一部分学生是 NBA 迷，但凡有点时间就凑在一起聊比赛、侃球星，甚至有些学生半夜三更还爬起来看直播；还有些学生沉迷于观看各种网络视频去获取明星新闻，连课上都要递小纸条或不时耳语交流几番。面对这样一群"不安分"的学生，严肃批评和强硬阻止肯定不是上策，甚至会僵化师生关系。为了解决这些问题，我就在班级文化设计上费了些心思，从两个方面入手：一是在班级显性文化布置上开辟了"赛场纵横"和"成长有你——说明星"专栏，主动帮学生们把遮遮掩掩的行为变成光明正大的行动，赢得学生的信任，避免"禁果效应"的产生；二是积极开展各种活动，把学生引到运动场上去，引到网络资源的开发与设计上去，引到对偶像成长奋斗经历的关注并以此激励自己的道路上去……这种观照兴趣式的班级文化构建，拉进了师生间的距离，收获的自然是一念之转后的晴好与明媚——学生们不再在课堂上随意地交流，而有了较强的规则意识，获得了任课教师的诸多夸赞。

补学生"所短"，以文化弥补缺憾

班级文化建设的意义到底在哪里？毫无疑问，用文化的理念统领班级工作，用文化的氛围熏陶学生，通过文化互动影响学生的一言一行，这是我们进行班级文化建设的根本目的。顺着这个目标，一切行动的最终着眼点才会落在提升学生的人文素养、提高学生的综合素质这个大方向上。

　　既然班级文化最终的落脚点是关照人的发展、为学生的成长奠基，那么仅仅关注学生长处、满足他们的单一需求肯定是不够的，班主任还必须意识到学生身上的短板和劣势，促进他们均衡发展。

　　1. 用故事丰盈情感

　　当下，很多学生都存在这样一个问题，即情感的迟钝与缺失。以我所带的班级为例，有的学生视父母、家人的关心照顾为理所应当，只会变着法地提要求而不知感恩；有的学生对老师的辛苦熟视无睹，认为老师只是在完成工作任务；还有的人对同学对身边人都是一副冷漠的表情，好像眼前的一切都与自己无关……这些情感问题，绝不是我们一味说教、简单灌输就能改变的。对此，我以"故事"为情感启动素材，每天坚持用叙事的方式慢慢撬动学生冰封的感情世界，内容涉及成长与亲人、成长与师友、成长与自然生命等不同主题，为存在各种情感问题的学生提供有针对性的指导。

　　2. 以活动强健心理

　　任何一个班级的发展都离不开文化活动的支撑。当意识到班上的学生进入了青春期，心理开始出现波动后，我决定向班级文化活动借力。当学生们在体育节上失利时，我借机与班上那些承受力差的学生聊比赛、聊得失，引导他们明白失败是一件很正常的事，并与他们共同制作了一段褚时健老先生身经坎坷仍能重新崛起的哲理小视频；中考誓师大会固然是为了提振精神，但我捕捉到一些学生在这场大会中所感受到的压力，因此特意与他们分享自己当年中考时的一些经验，进行复习方法方面的指导，有意识地为学生减压……每一次活动的开展，都是一次心灵抚慰与心理疏导的契机，因为有了"防患于未然"的先见之行，学生在成长过程中便充分地享受到班级文化的滋养与浸润，少走了很多弯路，以更加积极向上、健康阳光的心态面对学生生活以及未来生活。

总之，个性发展应成为班级文化建设的应有之义。而身为班主任，我们唯有依照学生的个性来筹谋构建班级文化，有度收放、按需打造，才有可能让每个生命个体自由呼吸，自主成长。

以积极思维打底，让班级学风由淡变浓

"不是所有的教学都能起到让学生学进去的效果"，初听朋友发这样的感慨时，我是深深不以为然的。我向来对学生要求严格，对学习严盯狠抓，也极用心思地去研究教材教法、与任课老师探讨沟通，怎么可能会没有效果呢？但与那一班学生的相遇却让我不得不承认这样一个问题——当一个班级学风不浓，孩子们面对学习兴味阑珊时，无论教师抓得多么紧，学习效果也是不尽如人意的。

那是我中途接下的一个班，接班的缘由是班级整体成绩落其他班一大截，导致家长心生不满。任课老师做了调整，学习辅导也不断跟进，但效果却始终不明显。反复调查后，才发现班级整体学风散漫，孩子们精力、能力都有，就是一提学习便倦意满满，不在状态。

"你们就不能把心用在学习上吗？""就这种状态怎么可能取得好成绩？"当我决定沉潜下来努力找寻问题的症结而不得时，临时起意在教室里安置的一支录音笔所传来的回放声，惊得我出了一身冷汗。这样的声音或与此类似的行为举止会在孩子的心灵中荡起怎样的涟漪呢？

我回想起了自己儿时的经历：老师无心的批评否定、同学无意的羞辱影射，都会让我心绪躁乱，难以专注学业。甚至过去了很长时间，那种情绪还会时不时地冒出来作怪，可谓影响深远。由此可见，当某种压力情景出现后，孩子们学习的注意力是很难保持的，有时候甚至还会发生转移。因此，要让班级里学习风气变好，营造积极的情绪氛围应该是亟须迈出的第一步。于是，我围绕着积极的学习氛围构建做了一系列工作。

改变对学生的评价指导方式，让言语积极有温度

既然否定性的评价可能会对学生的情绪产生长远的消极影响，那么积极的交流表述方式则可以用来激发孩子学习的热情。但这种积极交流绝不能是一种简单、笼统的赞扬，而应该是对学生具体的学习行为和努力状态进行鼓励。

因此，我先与班级所有任课老师达成一致：针对学生学习的评价，尽量避免用"同学们，今天做得不错"之类的含糊言语下定论，而是以"你们每个人都在小组合作学习中竭尽了全力""你理解了这段文字，一定是在阅读方面下了大功夫"等这样具体的评价语言，这其实是一种积极的引导，让学生明白自己到底可以做什么、怎么做。同时，评价也要由对能力的赞美转向对努力过程的肯定，帮助学生养成成长型思维模式，进而提升他们面对问题时不折不挠的精神和行动力。

当然，在与学生沟通时并不总是要表扬、肯定，有些时候也是要发布命令的。所以，除了上述约定，我和班级教师团队还互相提醒，

避免使用让学生误解或曲解教师意图的命令。比如：如果老师希望学生拿出本子练习时，不使用"现在你应该做什么？"之类的询问传达自己的命令，而是直接告诉他们，"孩子们，现在让我们一起挑战计算练习吧"，这样既能让学生有明确的行动目标，又给了他们一种积极亲和的心理暗示。

提升教师自身的积极情绪状态，为学生营造正向能量场

如果有人把班里孩子的名字如罗森塔尔曾经所做的实验那般列入"最有发展前途者"名单，如果有人告诉你"这个班级的明天会比今天更优秀"，那么身为老师的你还会介怀当下的这种颓靡不振的学习之风吗？

美国杰出的心理学家吉诺特认为："正是教师日常的情绪主宰着课堂的晴雨，也正是教师个人的教学方法决定了课堂学习的气氛。"毫无疑问，作为教师，我们拥有极大的力量可以使孩子们的学习生活变得痛苦或者愉快，我们以何种状态面对和回应也就决定了课堂上消沉的危机是扩大还是减少。因此，利用教师自身积极的情绪状态不断创设课堂的学习环境，使学生学习的愿望最大化，应该是改变班级风貌的着眼点。

因此，我和班级任课教师一起组成了研究共同体，为学生们的学习创造一个支持性的环境。一是教师进课堂前进行积极的自我调整。面对一个学习氛围不浓、风气慵懒散漫的班级，师生其实都很容易陷入怪圈——一旦进入这样的班，教师就激情难再，感觉被卷入了低迷的旋涡，教师的低沉又反过来让学生的状态更难提振。但如果教师在

课前给自己积极的暗示就会不一样：今天是新的，只要我在状态孩子们也肯定没问题。教师这种微妙的变化会于无声中影响到学生。二是把学生置于课堂的中心构建积极的学习关系。老师们尽量以融入、亲近、关怀的态度走进学生的生活，而不是仅仅以权力和权威的姿态出现在课堂上。当学生愿意"亲其师"后，在课堂上自然就会更加投入和专注。三是把学生的课堂学习积极与生活相连接。学风不浓的主要原因是好多学生觉得提不起兴趣，当教师善于将生活中的素材作为一种信手拈来的资源，和学生学习内容相整合时，孩子们自然就乐得在可以充分探索、感悟和体验的时空中主动学习。

当转变了思考问题、面对问题的方式，用微妙却又积极的状态重新连接起学生与学习之间的桥梁，孩子们对学习的兴趣便渐趋浓厚，班级的整体学习风貌也便日日向好。

让宝贵的乡土资源勾连起成长的本真

如果不是那一次出行游玩，我永远都不会意识到现在学生的成长其实已经远离了生于斯长于斯的故园乡土，也不会意识到在我们的教育求真求实搞创新讲特色的同时，其实早已经背离了身边最真实最优越的教育资源。

一段经历引发的忧思

那是一个暑假，班上几个孩子央我带他们去乡下采风拍照。眼前一片片一畦畦的园地让常年被圈养的孩子们瞬间兴奋了起来，撒欢似的奔跑嬉闹。"小心点，别踩到辣椒！"心疼园子里那垄垄青绿，我连忙喝道。"哪呢？哪里有辣椒树？"几个孩子下意识地东寻西找着，对自己脚下已经"夭折"的那抹绿植全然不识。在他们的认知体系里，凡是果实状的东西就一定是结在树上的。心，莫名地一沉，我指着园子里几种寻常的蔬菜问他们，他们一脸茫然。

是家长们疏于引领孩子认识这个世界吗？肯定不是，每个假期，天南海北只为眼界一开的游玩一次不落，名目繁多的生活体验和生存训练活动一个接着一个。是学校不注意周边教育资源的开发吗？也不是，系统完善的校本课程，丰富多彩的社团活动，哪一个不是因地制宜打造出来的特色啊！但终归，我们还是忽视了教育最坚实的根系——乡土教育，忽视了凝系着故园之情、家国之思的那条牵系一生的隐形之根。

微薄之力进行的尝试

2018 年夏，我带着我的"雪梅读书写作团队"开始把自己成长后的能量之光指向了学生的发展。而"寻根乡土，诗意成长"便是在那个夏天隆重开启的一环。

1. 乡土阅读引导，找寻成长之根

"孩子们，雪梅老师是在咱荣成市夏庄镇北山冷家村出生长大的，在我们村子中央有两棵栽种于明朝洪武年间的银杏树，现在已经六百五十多岁了呢。当年日本鬼子侵略的时候，就把人绑在树下，放火来烧，树上的烧痕现在还能辨认出来呢。"孩子们最为期待的"与雪梅团队相约"读书会上，我没有聊书，而是先聊起了自己成长的那个小村落，聊起了村落里流传下来的故事。

看到孩子眼睛里已经被我的故事勾起了光亮，我顺势追问："你们的父辈祖辈有没有和老师一样出身乡村的呢？那个乡村就是你们的故土老家，同学们知道自己老家的传说或故事吗？"借这个时机推出的《荣成市志》《可爱的荣成》《荣成文化通览》等以介绍家乡、展现乡土文化历史及风情的读物就成了孩子们假期里的阅读大餐。

　　在这样有意引导的乡土阅读中，孩子们兴奋不已，从汉高祖年间便设县的久远历史，清雍正皇帝所赐的荣成之名，让他们感到自豪，更为从阅读中找到的和自己家族、故里、乡村有关的记录而狂欢。于是，从书本阅读开始，许多孩子对家乡深厚的感情和浓厚的兴趣便被大大激发，也便有了对于身边一草一木、一村一落的好奇与探访，从而实现了由静态阅读到动态走读的鲜活转化。

　　我始终坚信，当一个孩子找到了自己的乡音乡情之根，那颗怀有真情挚爱的乡恋之种一定会牢牢地深扎内心。

　　2. 乡间寻宝探奇，丰茂成长之绿

　　在探寻家乡的走读式活动中，我发现了一个现象：班上的学生很喜欢在朋友圈里发几株花木的图片、几张游览的见闻、几次不同活动体验的留影……可当我避开他们所探所访的"重点"而去询问拍下的是什么树什么草时，孩子们竟然一无所知。我意识到，在成长过程中，无论成人还是孩子都有观新猎奇的偏好，却又总是对身边那些寻常之物视而不见。而恰恰是那些最寻常的景物，丰饶了乡土的版图，点染了家园的生机。

　　如何把学生好奇的目光移转到身边并不新奇的一草一木上来呢？正在我苦苦思索之际，一本名叫《百味本草的前世与今生》的书给予了我灵感。这是一本通俗易懂、以故事形式呈现的集知识、趣味于一体的科普著作。作者梁善勇是荣成市的一位医药工作者，他利用业余时间走遍了全市的山川田野，将我们身边常见草本植物的来源、分布、传说、典籍记载、功效主治等进行了整理。

　　我第一时间联系了梁善勇老师，邀请他现身说法，与同学们聊一聊自己从田间到路边、从河畔到沟渠追寻百味本草的故事，希望他的切身经历能唤起孩子们对身边那些司空见惯的事物的关注。讲座当晚深夜时分，一位妈妈便传过来一张照片：孩子正捧着一本书着了迷。妈妈说："杨老师，孩子下午就去买了书回来读，还非要明天去乡下奶奶家住段时间，想对照着梁老师的书去研究研究那些大有来头的小植物。"这次活动激起了孩子们对植物研究的兴趣，走在路边看见一株小草都要蹲下来打量半天。

由此，我悟到：并非身边的一物一景对孩子没有吸引力，是作为成年人的教师和家长从来就不曾注意过身边的那些"美丽"并引领孩子去关注。有时候，近在眼前的乡土资源更值得孩子去深度学习、探究，能更好地丰茂孩子的生命成长之树。

3. 乡情多味体验，丰润成长之果

荣成三面临海，岸线曲折，湾岬相连，这独特的地理位置也滋养了海滨小城底蕴丰厚的民风民俗。我更希望能把这多情的乡土之味、这厚重的风俗之风印记在孩子成长的灵魂里，紧紧与根相连。

元宵节，团队到小镇上请来了传统的手工艺人教孩子们捏豆面灯，为家人朋友做属相祈福，在动手实践中体验浓浓的乡情；谷雨时分，我们与家长一起带孩子去参加隆重的渔民节庆典，在渔家大鼓、渔民号子的喜庆声中品味悠悠乡韵；若天气晴好，我也会和老师们组织学生参观附近的海草村居，带他们感受那历经百年不腐、冬暖夏凉的独特海草乡韵；我还建议家长和孩子闲暇时多去转转百年渔村、画村、花村……

许多孩子说，在这样的活动和游历中，自己见识到了多味的荣成——有穿行千年而来的海风的咸鲜味，有沿着时代清辉留下的民风的清新味，有历经岁月洗礼却依然温情倍至的甜香味。真的，这一路乡味体验下来，滚烫的心灵对这片生养了自己的土地、对土地上印载的渊源文明、对文明之中永不褪色的质朴风俗便多了些依恋与惦念。

对于我所坚持的这一系列尝试，很多人不解："社会都进入了快车时代，你怎么反倒因循守旧走到了后退的路上来？"我的理由很简单：每个孩子的成长都是从圆心一点点向外扩散出一片天地的，家乡就是孩子成长的圆心，乡土文化就是滋养成长的水肥。作为教师，我希望孩子们的成长永远立在真实的生活土地上，有情，有趣，有真味。

从"博物"到"博悟"

博物馆以其丰富的馆藏资源、相对集中的展出模式以及真实的原貌再现,将一段文明或发展的历程娓娓道来。这样的场所,承载着历史的厚重,既聚焦重要的历史发展节点,又串联起了漫长的时空主线。可以说,于德育而言,博物馆就是一本鲜活而立体的教科书。

近年来,上至教育顶层设计,下到具体班级管理,都关注到"多知少行"的模式不足以支撑学生的健康成长,研学旅行、社会体验、志愿服务等以"行"为主题的活动便层出不穷。作为展现人类文明的宝库,博物馆自然成了学校育人的重要基地。但走近历史并不等同于拥有丰厚的收获,走进博物馆也并不意味着就拥有了开阔的博"悟"之效,在走马看花式的"观"与信步而行的"游"中得到的一些散乱的见闻碎片很难串起系统的知识珠链,那些无目的无头绪的收获也会很快沦为记忆里的浮光掠影。

故而,无论站在学校教育层面还是班级管理立场,班主任都是最重要的"穿针引线"人。要想借助博物馆丰富的资源优势予学生以心灵上的补养、德行上的启迪,架起一座优质的成长桥梁,班主任就得是一个高明的布道者,既看得清那些丰富藏品身上的时代亮点,也摸得到学生成长心灵中的敏锐突触点，更瞅得准物与人之间关系的显性连接点，以"三点一线"式的通联，触"物"生"悟"，铺就一条顺畅无碍的成长之路。

不打无准备之仗——让参观有"重点"

在组织博物馆的观摩游览行程时，不少班主任都抓错了点。出发前，他们会对时间、地点、纪律做事无巨细的交代；行程中，他们会再三强调规则与注意事项；观游中，他们的目光又紧紧盯在学生身上，生怕一不小心出什么差池。这样的一种"观"，班主任可谓做足了功课，盯防严备，但我认为它是一场没有准备的参观——遇到什么看什么，哪里人多去哪儿看，看来看去学生也不知道收获了什么。

这是一座什么样的博物馆？是历史的、科学的、艺术的，是专门的还是综合的？走进博物馆我们应该了解什么？珍稀古迹、科学成果、艺术藏品还是重要历程？馆藏如此丰富，重点看什么？珍稀的出土文物、智慧的成果发明还是大师名家的真迹、历史事件的节录……这些简单的提点虽然只是一段小前奏，却向学生传达了一种重要讯息：要观什么，得怎么观。

以我近期带学生参观荣成博物馆为例，观游路线和时长由学校统一设定，但是活动之前，我却与学生一起查询了大量资料并以此为据制订了详密的参观计划。这座占地 56100 平方米的综合性博物馆有大小展厅三十多个，如果没有参观重点，那么三个小时的时间将大多消耗在匆忙地赶行程中——让学生确定自己感兴趣的"观"点很重要。带着这样的任务，学生对搜集到的资料做了进一步梳理：博物馆内分为世纪荣成馆、秦汉文史馆、民俗馆、郭永怀事迹陈列馆、名家书画作品馆等七个大型展区。几经商议，大家决定这次参观只去秦汉文史馆、民俗馆和郭永怀事迹陈列馆。

即便参观范围缩小了很多，但是要想让这次活动有所收获，还需要班主任下点"重料"：第一，秦汉文史馆展示了秦始皇、汉武帝东巡至成山头祭日的史实及留下的历史遗迹，这份重要的史实记载来自哪里，这段远古的文明与当代荣成渔乡风情间又有怎样的联系，请试着去探寻；第二，对民俗馆内你见过或者想了解的物件、生活场景进行详细调查，回来后我们在班里做个小型的民俗知识分享会，一起做幸福生活发展的见证人；第三，作为我国近代力学的重要奠基人，郭永怀先生的哪些事迹最能打动你，你又有什么样的触动与收获……这样明确要求的"观"，有看点亦有重点，无须费力就能让学生在专注与投入中保持良好的观摩秩序，获取心灵需要的营养，让思想得以触动和升华。当然，要实现这种有重点的"观"，需要班主任做一名富有前瞻性的引领者：自己先要看得远，理得清，知道得沿着一条什么样的线去引领学生，才能于纷繁中聚焦，于庞杂中提炼。

不做无目的赏游——让藏品有"亮点"

在博物馆内，如果学生只是看到一件静态物品，知道它的色泽、质地、用途，这样的参观依然是平面的、死板的，难以在心头留下印记。有价值的观摩应该是这样的：所见未必很多很全，毕竟谁都不可能在短暂时间内把众多信息统统装于脑海中，但那些有限的见闻，一定是富有价值的，如同夜空中那几点最亮的星星，能让蒙昧的心头闪烁莹莹光亮。那么如何才能让场馆内那些久经时光、静默多年的藏品富有亮度，将深藏的育人内涵外显出来呢？班主任需要做一名巧妙的激活者，赋予那些藏品以灵性和生命，必要的时候还得让藏品"有话可说"。

在民俗馆的参观中，一辆木制的独轮小车吸引了学生的目光。"这是什么？长得好奇怪呀！"这些"00后"城市学生早已远离乡村劳作，对几十年前的生产用具显然是陌生的。如果我只是简单回应"这是小推车"或"以前农村经常用到的运输工具"，无疑是起不到什么教育作用的。"这是以前运东西的小车呀，我小的时候在这种小车上可栽过不少跟头呢！"我连忙接过话来。学生一听，这个造型奇特的家伙居然和老师的童年有着密切关联，自然兴趣倍增，都围上前来央我讲"老师与小车的故事"。

"小时候要是想坐小车，爷爷就一定会让我和弟弟一边一个坐着，知道为什么吗？""老师不敢自己坐吧？""不，是不是一个人坐上小车更不容易保持平衡？"学生叽叽喳喳地争论着，有的学生悟到，一个轮子的车，要推起来最大的难题是保持平衡，那个时代，靠这样的车来运输生活用品，该有多么不易；有的学生意识到，和我同龄的父母，甚至自己的祖父母那一辈人，肯定也有很多关于那个时代的记忆。回家茶余饭后，三代人之间也就有了更多的谈资。这种于共鸣中的交融，于时空逆转中的解悟，能让学生深刻体会到时代的发展与变迁，懂得现在的美好生活要好好珍惜。

我常常想，如果那一次没有及时回应，而是任由学生去想象、猜测，那辆破旧的独轮木车对于他们来说，就只是一个奇特的造型，一个没有生命力的过眼云烟。无论观还是游，班主任都需要敏锐地洞察捕捉学生的兴趣点，然后在兴趣的助推下，让每件静物在他们的生命中鲜活起来，灵动起来，成为点亮心灵的一抹微光。

不收无回顾之尾——让交流有"热点"

见识了太多这样的参观游历：走出博物馆的大门安全返回学校活动便戛然而止，学生所获除了兴奋与片刻自由再无其他。其实，博物馆教育是学校教育的重要补充。如果说，在学校习得的知识需要时时回顾，那么这样的一场观摩旅行也绝不应该"虎头无尾"。每次参观后，我都会结合所见所闻为学生安排一场别开生面的"热点"交流活动。

荣成博物馆参观结束后的回程中，学生对于秦皇汉武东游到荣成观海祭日依然兴趣不减，我便让他们就"祭日"这一话题展开讨论。有的学生认为，古人对于自然有着发乎于内心的崇尚和敬畏，值得我们学习；也有学生认为，他们用祈祷祭拜的方式寻求外力的庇佑，是迷信的表现；有的学生觉得，这样的举动和荣成渔民在谷雨时分敬海有着相通之处；也有学生觉得，他们祭拜的是"天尽头"的鬼斧神工……在不同观点的交流与碰撞中，一段远旧的历史正穿越时光，迤逦行来。

也有人不无担忧地问，参观博物馆毕竟是一次规模不小的集体行动，难道不用为学生管理、秩序维持而伤脑筋吗？我想，一个智慧的班主任，当他让学生的每次行旅都有殷切期待的看点，让学生的每次驻足都有虏获心灵的亮点，让成长路上的每段经历都洋溢着满心企盼的热点，学生的一言一行、一举一动都将牵系在这三点连成的线上，又何忧之有呢？要牵好这条触动心灵的成长之线，从历史到当下，从"博物"到"博悟"，需要我们站在实处，朝向学生的成长那方。

用故事和学生谈"情"说"爱"

哪个少男不钟情，哪个少女不怀春，爱情若绽放在恰当的时机，就是最美的并蒂莲，可如果过早地萌芽抽枝，就会影响到身心的健康成长和学业的正常发展。

作为班主任，我们面对的是个性十足、见多识广的一代孩子，当"早恋"毫不设防地袭来，生硬的说教会拉远师生间的距离，强势的隔离会激起学生的逆反之心……为此，我选择柔性化解——用温情的故事和孩子们谈"情"说"爱"。

用绘本理解"爱情"

有段时间，学校里"早恋"风头颇盛，班里的学生也是"蠢蠢欲动"，我这个班主任便沉不住气了。

无意间，绘本故事《两只蛋的爱情》给了我灵感：谈论自己孩子们不愿张口，如果谈论别人，谈论一个物件，他们肯定有话可说吧。于是，早自习时间，我把《两只蛋的爱情》分成三部分来讲述。第一部分呈现的是两只蛋在破壳之前的甜蜜和浪漫，在讲述过程中，我有意识地引导学生就这两只蛋的故事谈谈对爱情的认识、感受及想法，为学生绘制一幅幸福美好的画面。第二部分讲述了这两只蛋在破壳之后，截然不同的生活习惯慢慢拉远了彼此间的距离。讲述后，我让学生再次谈谈对爱情的理解，目的是通过与前期预想的强烈反差，让他们认识到现实与理想是有差距的。第三部分直接呈现了结束语——你看，感情的破裂不一定非要有什么理由，可能只是因为岁月在变迁，彼此在成长……无须过多解释性的言语，学生就已经懂得了爱情之花只有在恰当的时机绽放才能芬芳而美好。

就这样，我用"两只蛋的爱情"安抚了孩子们那一颗颗躁动不安的灵魂，在他们年轻的心灵里树起了一块正确的情感指向牌。

借故事打开心结

如果说向绘本故事借力这个方法更适用于对一个群体进行情感教育，那么面对个体"早恋"问题时，班主任一定要斟酌再三，善于为学生"量体裁衣"。

所有的人都知道阿龙喜欢班长，而且绝对是"单相思"。不耐烦的班长跑到我面前告状："老师，他就像个苍蝇一样，我走到哪儿他都跟着，我好烦啊……"

阿龙是个自尊心很强又倔强的孩子，如果贸然找他谈，指不定会发生什么事，必须找个契机。一天清晨我去班级分管的花坛检查时，那些顽皮的钩到裤脚的苍耳给了我灵感。

"同学们，下午又要卫生大检查，老规矩，我们分头行动。"一进教室，我就忙不迭地布置任务。"阿军和阿壮负责地面卫生。阿龙呢，你和老师一起去看看花坛那里有没有杂物吧！"就这样，我在前面匆匆带路，阿龙提着小垃圾桶紧紧跟着。

一圈转下来，我们俩的裤脚上都挂了几个绿球球。"阿龙，看你裤子上粘了什么？""老师，你腿上也有，这些苍耳太讨厌了，粘在人身上扯都扯不掉。"阿龙闷闷地弯下腰，清理着裤脚，我也蹲下忙活起来。"这苍耳要是个人可得把人烦死了！来，你这家伙老实点，后面还有，我来搞定它。"我半嗔半怒道。"嗯，那个，老师，我才不要做苍耳这种人呢，请你以后监督我……"阿龙显然已经知道了我的用意。

苏霍姆林斯基说过，教育的意图越隐蔽，越能被受教育者所接受。确实，面对如阿龙这样心思敏锐的孩子，任何唐突、仓促的说教和批评都可能是激怒他的导火索。可是当我巧妙地制造故事，再进行含蓄的点拨，我和他的交流就有了"守得云开见月明"的清朗。

聊出未来之美

"老师，我想和您说点心事，请您帮我保密，求求您了！"小芳塞了封信到我怀里就急匆匆地跑开了。打开信才知道，小姑娘恋爱了。对方是隔壁班的"学霸"，也对她有好感。但两个优秀的孩子都很迷惘，上课注意力难以集中，回到家也没心思平静地学习，还有一年就中考了，这样下去肯定会影响成绩。

放学后，我把小芳留了下来，她一脸凝重和紧张："老师，你肯定对我很失望，不喜欢我了吧？""傻瓜，怎么会呢，老师当年也有类似的情况，这很正常呀。"听我这么说，小芳释然地坐了下来。

"那是你上初几时候的事？"她迫不及待地问。"初二的时候，我和坐在后面的男孩都对彼此很有好感。后来，我们约定把这份美好藏在心里，等考上重点高中再说。再后来，我们去了不同的学校……他上大学时我就工作了，他毕业不久我就成家了。""啊，好遗憾呀！"小芳的情绪马上低沉下来。"可是，我并没有觉得多遗憾，因为我们两个家庭情况、性格差异很大，即便真走到一起也不一定会幸福。还是现在这样比较好，我们生活在同一个城市，偶尔互相问候。如今还时不时想起他说的话：'都要好好生活，都要好好的……'我相信，这种感觉即使到七老八十了，回忆起来也是满满的温暖。"

"谢谢老师，您和我分享了一段美好的感情故事。"沉默良久，小芳又开了口，"我知道该怎么做了，相信他也会明白。"她一脸轻松地离开了。后来，我看到的当然是克制情感、朝着美好共同努力的两个优秀学生。

"叙事者"发起人王维审说过一句话：故事的魅力在于，它不是敲着我们的头指指点点，而是将教育娓娓道来。我想，用故事和学生谈"情"说"爱"，它的美好之处就在于，可以将心结缓缓打开。

为网络时代学生的成长量体裁衣

曾经做过一项调查：面对成长中的生命个体，哪方面的问题最让班主任束手无策？六成以上的教师提到了网络。五花八门的游戏，层出不穷的 APP，刷不完的朋友圈和小段子……这一切的一切，将孩子们对世界充满好奇的心锁牢。

班主任一直在尝试将孩子拉到岸上来，似乎"网"海无边，唯有上岸方能修得正道。于是，就有了苦口婆心的规劝，生看硬防的禁锢，甚至不惜花大价钱往各类特长补习班里输送的花费。面对种种现状，我也颇多思量：班主任的看管防护之术如果真的能够解决问题，为什么那么多的人还会为这切不断的网患神伤呢？毫无疑问，在孩子和网络这解不开的纠葛间，成人做的多是些无用之功。

这个时代就是一个网络为媒的时代，许多师长心中所幻想的让孩子下线离网几乎就是一个无法完成的命题。因此，在自己的班级管理中，我采取的方式是变堵为疏，因势利导、量体裁衣。

由"刷别人的圈"到"吸自己的粉"

学生芳是一个"圈子迷"，谁出去旅游了，谁晒娃、遛狗了，谁做微商后又沉寂了，谁需要砍价、投票了，她都如数家珍。有一段时间，我一直在分析：对别人的一动一举都那么关注的孩子到底需要的是什么？为什么别人的朋友圈里一有风吹草动，她总能第一时间伸出"大拇指"赞个不停？有没有这样一种可能：过度关注别人的孩子其实更加渴望别人对自己的注意与肯定呢？

几次试探后，我内心的猜测便得到了证实。"杨老师昨天给我拍的照片点赞了。""我在朋友圈里发了个智力小测验，几十个人都没猜对呢！"从芳的言语间不难体会到：于她而言，有人关注就有了存在感。

"芳，听说你把中国上下几千年的历史读得非常通透了，杨老师真佩服你。"芳出生在一个书香家庭，很小的时候就对历史典故兴味十足。待小学毕业时，不但把几千年的历史脉络摸得门儿清，还读了《哈佛中国史》、《讲坛社·中国的历史》等众多国外视角的研究著作。"老师，这个您都知道呀？"孩子有些吃惊，也有着掩藏不住的兴奋，她哪里知道我可是有备而来呢，"历史知识，还真是难不倒我呢！"

"你也知道，杨老师一直在推动全市的中小学生阅读，唉，要是同学们都能像你这样爱读、善读就好了。最近我发现很多人对我们国家的发展完全是一无所知，身为中国人不了解自己国家的发展历程，这是多么大的憾事呀！所以我接下来的阅读推动想更多地指向史学。不过，杨老师在这方面是个门外汉。这不找你商量来了嘛！"

　　班上的孩子多把我这个班主任当成自己的"同党"。"同党"有困难，在他们看来，是无论如何都要出手相助的，芳也不例外，表示会全力支持我。于是，我趁机提议：网络时代，我们推书荐书的话大家是没有耐心去读的，不如由芳结合着自己丰富的学识，以独特的视角把各个朝代的关键事件做个梳理讲解，然后以微信公众号的形式发布出去，这样，关注公众号的人每周都有三两天可以读到一段简洁又精彩的历史。

　　当听说我会向全市学生家长介绍自己的公众号后，芳马上就开始了行动。很快，这个由中学生创立的《说中国通史》栏目就吸引了众多中小学生的关注。芳在归结设计的时候也是极具慧心，"南朝梁齐同根生，一笔写出两个萧""女皇武则天日月当空，名相狄仁杰万世流芳"……一个沉迷于别人朋友圈的孩子，因了这一特别机会而吸引了无数属于自己的粉丝。更重要的是，以前那个总是在意别人的目光、别人的世界、别人的状态，多少有些浮躁的芳因了这份"说史"的专注而沉静了下来，在学习上自然是渐入佳境了。

由"沉迷视频"到"痴迷创造"

　　文是个聪明、有想法的男生，但有段时间他的妈妈却无比忧心地告诉我："孩子整个心思都在抖音视频上，拉都拉不回来！"更让家长忧心的是：面对沉迷的孩子肯定不能不管，但稍严厉一点，这个青春期的半大小子就剑拔弩张。

　　文的沉迷虽令人心焦气急，但我还是一次次告诉自己：要冷静，不要因为无效的说教破坏了我和孩子原来和谐亲密的关系。对于沉迷者的转化，绝不是着急就能看到效果的。反复地旁敲侧击，多方地问询探听，我归结出了文喜欢刷的视频类型：技能和教程。怪不得在许多班级活动中，这个孩子的点子特别多呢。看来，迷恋网络难以自拔的孩子也不是没有学到有用的东西，问题的关键在于怎样进行良性的转化。

带着挖金子般的探寻和专注，我还真在文的身上挖到了宝：让扑克牌立起来、让纸飞机飞得远、自制弹力投石器……文身上这些看似神奇的绝活里不正蕴藏着许多利于孩子成长的科学知识吗？我一步一步地诱导："你说，什么样的盐水中才能浮起鸡蛋呢？要怎样操作这个实验？有没有科学根据呢？"追问之后，我告诉文，自己对他的这些小科技、小实验非常赏识，想邀请他利用钉钉直播给同龄人上一节科创实践课。

为了让自己的操作演示更直观，文邀请到了班上的"小电脑通"作为他的视频网络技术总监，还成立了临时直播小团队；为了让实验制作有理可循，他通过网络、书籍查阅了大量的资料；为了让自己的解说浅显易懂，他一遍遍地修改解说词……第一场钉钉直播"谁的飞机飞得远"吸引了近百人参与体验。

当所有人都对文的网络直播首秀表示祝贺后，我趁热打铁，和文一起将他的视频专场命名为"i科创"，并邀请美术老师设计了品牌LOGO，确定了每月两场以科技制作发明为直播主题的网络讲坛。为了备好课，这个沉迷看视频的男孩华丽地转了身，开始痴迷于科技制作及其理论研究。在全市举行的中小学生科技发明比赛中斩获头奖后，文愈发享受自己动手制作并带领他人实践的快乐了。

由"娱乐八卦"到"聚焦成长"

我早就知道班上的孩子有他们自己的微信群，无比好奇他们在群里都做了什么，聊哪些话题。无奈人在群外，始终不得解惑。

是一位家长发来的告状截图帮了我的大忙。"杨老师，你说现在的孩子就知道追星、爆料、聊游戏，精力哪有一点是用在正事上的呢？"点开截图一看，可不，"××实在太帅了，这样的脸拍起照来肯定是360°无死角。"这是典型的花痴。"我们'老班'看起来淑女一枚，行动起来风风火火，你们说她是不是矛盾附体……"好吧，料都扒到我身上了。"猜今天打了几头怪？"这样迷幻的网络术语，我实在是不知所云。

转念一想，谁的青春不追星，谁的成长没八卦，谁的年少不贪玩呢，所有的言行都可理解。但是，如果我找个机会介入的话，也许效果会大不一样。

因为迟迟等不来好时机混进孩子群里，我决定自创机会，拉上班级中我的那几个"铁粉"学生也建了个群。我晒自己某天出游的穿搭，惹来几个点赞之后我借机谈论自己对生活艺术和对美的理解；我也聊自己的偶像，分享在遭遇挫折后从偶像人生经历中获取的精神力量；我回顾现实中、网络上玩过的游戏，剖白自己后来发现玩很无聊、生命无所归依的迷茫；我从孩子们的对话中捕捉他们的困惑和喜悦，顺势推荐起自己读过的类似的书刊……孩子哪里憋得住秘密，慢慢地，有些同学和"老班"组建特别亲密群的消息就藏匿不住了，学生纷纷求"开门"。

把所有同学都吸引到由我掌控的群里后，我们也会继续聊孩子感兴趣的明星，但因为有我的体验和分析，孩子们的崇拜中多了理性与审慎。针对社会上的某种现象和热点话题，我也愿意和他们"八卦"一番，但我的"卦"里更多的是辨析能力的提升和向善向美的引领。看似随性闲谈，其实最终的指向都聚焦到了与孩子生命、成长相关联的那一面。

网媒时代，班主任何为？我想，与其因切不断的网生生拉开师生间的距离，倒不如变网络为资源，尽可能为学生的个人发展裁剪出合体的"成长衣"。这份裁剪，源于敏锐地捕捉，更源于智慧地转化。

让美好的瞬间与成长相遇

米兰·昆德拉说："生活是一棵长满各种可能的树。"每个孩子，都是一棵这样的树，充满生机和活力，充满潜力和可能。作为一所特殊教育学校的班主任，我认为班级德育最重要最有效的方法，莫过于通过日常班级生活，发现孩子们的潜力，让这些潜力最终内化成自身的修养和能力。

温情话语，让德育之种美好地萌芽

曾经读过一则小故事：马尔科姆·达尔科夫是一位成功的广告营销专业作家，但他一直都记得二十四年前，那个改变了他人生的细节——那时候，他极为内向、胆怯、害羞，几乎没什么朋友，对所有事都缺乏信心。他的中学女教师露丝·布劳奇，让他们阅读《杀死一只知更鸟》后，又要求大家续写故事。他早已不记得当时的分数，却终生难忘老师留下的评语："写得不错！"从那时开始，达尔科夫走上了写作的道路。用他自己的话来说，如果没有老师当年那四个令人鼓舞的字，他肯定不会成为作家。

"写得不错！"这简短的几个字，居然就这样改写了一个学生的命运。细细品咂，我觉得其主要原因或许就在于，它是一句富有温度的话语，其中包含的肯定和鼓励，悄然间已幻化成了一种无形的力量，滋养了成长中的心灵。

每颗心灵，其实都是一粒种子，或许沉睡，或许深埋。作为班主任，要是一位用心的农人，不但要将种子撒播到田里，还要给予它们适宜的光照、温润的水分，慢慢催生出希望的种芽。

在班级管理工作中，相较于耗时费力又难见成效的德育主题活动，我更愿意用温情的话语轻轻拨动孩子们成长的心弦。面对孩子的努力，一句入心的鼓励就是最大的认可；面对孩子的错误，洞悉缘由的体察就是最触动心灵的温暖；甚至仅仅是"写得不错"这样的短语，就能激励学生孜孜以求。正所谓"师者一言，润泽心灵"。

周一晚上，轮到我值班，晚上要留在学校里看护住校的孩子们。傍晚排队吃饭时，迎面碰到班里一位女生正骂骂咧咧地蹲下身子帮邻班年幼的小同学系鞋带。这个叫平的女生让很多老师都头疼：近三百斤的庞大身形从视觉上就不讨喜，却偏偏还有许多别的问题，比如，大嗓门，爱计较，自私，屡教不改……

骂骂咧咧是这个孩子从入学以来就有的习惯，纠了几年也未见成效，而帮助别人的一幕却不常见，何不就从这里入手呢？"平，过了个年长成大姑娘了，居然这么细心地照顾小同学。"胖胖的女生抬起头来看了看我，一脸抱怨："杨老师，这个小妹妹太顽皮了，还什么事都做不好，真累人！""可不，幸好有你这个大姐姐照顾她、教她，我真喜欢这么细心的你！"

饭后，所有学生都主动排好了队，准备回活动室去。平却突然离开队伍，自顾自地又朝餐厅内走去。我刚想喊上一嗓子，却看到孩子直奔餐厅内那张放着我的书和洗漱用品的桌子而去，她先是仔细地把几本书摆整齐抱在怀里，然后又顺手提起了盛放着洗漱用品的袋子。噢，原来孩子是在帮我的忙！等我回过神来想伸手去接时她却一直不肯松手，说："老师，我来帮您拿吧！"越发把东西抱得紧了。到了活动室，她又一样样地为我摆好，并把其中一本书翻到我折过的那一页。整个晚间活动她也特别遵守纪律，临睡前还柔柔地对我说："杨老师，晚安！"

之前的几年，我从来都没有发现这个胖胖的女生是如此可爱，身上居然有着这么多的闪光点。一句话，仅仅是一句话，当我没有了往日的呵斥与指责，收起过于严肃的面孔，换个角度，稍稍添几许淡淡的肯定与赞许，孩子竟自觉收敛了往日的张扬，催生了一份改变的发生。

如果说思想是花，那么语言就是蕾，一言虽微小，但若含了情，心灵之种就会在这温润的滋养下慢慢苏醒，美好地萌芽。

耐心等待，让德育之花美好地绽放

生命的成长是缓慢的，教育的本质就是在这种缓慢中守望成长，"三分教，七分等"——就像种下一盆花，用智慧浇灌，用爱心静守，等待它随着时间的流逝慢慢长大，直至枝繁叶茂，直至开出花朵。从某种意义上来说，这个守候的过程，远比结果更重要。

几年前，自己还是班主任岗位上的一名新兵。那时候的我，凭着年轻的冲劲和满腔的激情，天真地以为面对一群有缺陷的孩子，只要看牢了、抓紧了、压住了，就不可能有带不好的班，教不好的学生。在对孩子们近乎严苛的高压下，我也确实创造了"辉煌"：无论多棘手的班，被我接手后总是很快变得俨然有序；无论多顽劣的孩子，在我的手下都可以变成"乖宝宝"……甚至很多时候，我的名字如同一把神奇的撒手锏，遇到孩子调皮捣蛋，任课老师只要一提起，震慑功效立竿见影。我以为，之于孩子的德行教育，我是成功的！

若不是曾经那一场铭心刻骨的意外，也许至今我仍困在自我修筑的空中楼阁里。

"杨老师，你们班的强在操场上和三班一位同学闹着玩，结果一言不合就给了人家一拳，那位同学鼻子流血了……"一个高年级孩子慌里慌张的报告声打破了那个冬日下午的沉寂。那一瞬，我的心比天气更为阴沉，我冷着脸"恭候"强的归来。也正是那个下午，在愤怒、斥责、警告的迎面泼洒中，我的班主任威严第一次受到了强烈的挑战：强的拳头握了又握，终于狠狠地砸在了课桌上，斑斑血痕溅落中，我不得不对这一直引以为傲的雷厉之道产生了质疑。

"老师，当时我进教室，是想先向您承认自己打人不对的。"时隔许久，再次提起那件事，强开诚布公地坦言。"我打了对方，是因为他说我爸死了。我爸还在，他只是和我妈妈分开了……"记忆中的片段慢慢拼凑，强踏进教室时那欲言又止的神情也渐渐清晰浮现。"老师，您当时为什么不能多点耐心，听一听我的道歉和解释呢？等一等，一切都会完全不一样的。"

"等一等"，一个多么简单的要求，却被我忽略了那么久。听见孩子们叽叽喳喳，我从没想过要弄明白他们说了些什么，总是第一时间厉声制止，维持表面的安静；看见孩子们追逐打闹，我似乎全然忘记了自己童年时在这疯跑疯闹中获得了多少欢乐，只是一味地斥责困缚来追求所谓的纪律严明；面对孩子们犯下的错，我只会揪住错的"果"大做文章，却很少探寻错的"因"源于哪里……于是，在那些年里，有了愤怒的强在教室里不计后果的发泄，有了我教过也爱过的孩子们见我而远之的疏离，更有本可以温情四溢的师生关系却横亘了缕缕生冷的尴尬。

在后来的教育行旅中，强的话如同一台"警示钟"时时响彻耳畔。面对成长中的修行养德，我做了改变并品尝着收获的快乐：多一些耐心等待，面对颗颗童心时便少了些呆板刻薄，多了份温暖柔软；多一些温情等待，面对每个生命时便少了份机械的冰凉，多了些美丽的体恤；多一些理解等待，沟通的闸门便少了些生涩，多了些顺畅；多一些包容等待，班级德育便会始终洋溢和谐而灵动的音弦……

花朵的开放，有先有后；孩子的成长，有快有慢。当我学会了精心护理，学会了耐心等待，我发现即便是教室里的一株"野草"，也有开花的可能，或许不是绽放在春天里，而是在冬季。

生态净化，让德育之根美好地深扎

"怎样才能把杂草去掉？"郊外的荒草地上，一位哲人向弟子们提问。弟子们不假思索地想出了各种"给力"的主意。有的说，可以用铲子把杂草全部铲掉；有的说，秋天草就枯黄了，可以一把火烧掉；有的说，撒上石灰，或许就除掉了；还有的说，斩草需除根，必须把草根挖出来……哲人说："你们讲得都很好。明天，我们把这块草地分成几块，我们按照自己的方法除去地上的杂草，明年这个时候再到这里相聚！"

第二年，弟子们早早来到这里。他们用尽各种办法，都没能铲除杂草，早就放弃了任务。而老师分到的那块地上，丛生的杂草不见了，取而代之的是满眼黄澄澄的庄稼。弟子们恍然大悟——在地里种上庄稼，才是除去杂草的最好方法。

细细思来，我们的校园不就是那块"哲人的杂草地"吗？我们似乎已经习惯了到处张贴种种"规定""守则"，已经把"不准这样""不能那样"奉为德育的不二法则，结果各种法则和禁令并不能阻止"野草"的丛生。作为一名特教教师，智慧的哲人给了我极大的启示：要引领成长，不应只是明令禁止做什么，而要让学生知道什么可以做；要净化心灵生态，不应只是想着"除草"，而要先把勤劳、善良、关爱、宽容等这些人性中最美好的东西植入孩子们的心田。

新班接手后，教室里的卫生一直不太理想。有一天，一进教室，满地狼藉。我佯装视而不见，和学生们问好后说："同学们，我有件礼物送给你们，猜猜是什么？"学生们睁大眼睛好奇地望着我。我拿出了几幅漂亮的风景画："你们看，这几幅画漂亮吗？把它们挂在教室的墙上怎么样？"学生们立即眉开眼笑，几个高个子的男生主动来帮我把画挂好。然后，我又把准备好的几盆花让学生帮忙搬进了教室，并弯腰把地面的纸屑捡了起来，自我陶醉地说："待在这样干净美丽的教室里，心情真是好极了！"从那以后，孩子们都抢在我的前面打扫卫生，教室明显比以前干净多了。

教育是什么？用叶圣陶老先生的话说，"教育就是培养习惯，习惯成自然。"是呀，准确地说，教育就是要培养好习惯，而人的坏习惯就像杂草，祛除的最好方法，就是净化生态环境，就是让美好的品行占领成长中的心灵，让德之根深深地扎进土壤。

　　每个孩子，都是一棵充满各种可能的树。作为班级的引领者，养其正，扶其直，是我们的职责所在。我愿意就这样将烦琐的教育生活分解成许多美好的瞬间，让这些美好占据孩子们的心灵，守望着一棵棵小树茁壮成长。

一座会活动的"小公民"成长营

　　面对着班上那十几个身心发育迟滞、表情亦茫然无措的孩子，我时常陷入某种沉思：把孩子安放在教室里，按部就班地教授学科课程，十余年下来，他们就真的能得到康复回归社会吗？煞费心力地往有缺陷的头脑中填塞五花八门的知识，微薄吸收后，又能对孩子们的人生有多少助益和影响呢？

　　当审视当下、朝向未来后，我清醒地意识到：认识十个字和认识一百个字，对这群孩子未来的生活的影响并不会有太大的差别，会算十以内还是百以内的加减法，也并不能决定走上社会后他们生存状况的好坏。坐在教室里，无论构建的课程多么丰富，都无法有效和社会勾连；置身校园中，这群特殊孩子接触的除了老师就是同学，将来离开校园后依然无所适从。

　　我不希望自己花费十多年心血培养出来的学生，临到毕业那一天再次变成家庭的负累——担心无人看管无处安放；我也不希望通过特殊学校的教育康复后的这些学生，回归社会后依然是一个另类的群体——不懂社会规则和生存之道。因此，把每个学生当成急需引领的社会小公民来看待，用我这个班主任有限的能力资源去改善孩子的生活适应力，就成了我在班级中最为艰难的尝试。

用"走出去"铺筑与社会相通连的桥路

闭塞的成长环境中育不出合格的社会公民，这是一个众所周知的道理，可当我提出要让孩子们"走出教室去，与社会生活相通连"时，却收获了满地的质疑声。毕竟，在"安全守护成长"的名义下，学校是断不会冒着风险撒手把孩子放出校园的。

没有大范围的活动自由，我总能营造出小天地里的成长空间吧。

首先，我把可以行走的范围锁定在了校园内。第一次尝试，是我带着孩子们在学校的食堂里蹲点，看师傅们忙些什么，怎样去做，也找些安全的、学生能干的诸如择菜、洗水果、摆餐盘、分食物等活计去参与。在这样的体验中，孩子们目睹了食材从生到熟的加工过程，近距离接触到工作人员严谨有序的忙碌，更得到了他们耳提面命的一手指导。当就餐时吃到了由自己参与制作的美味时，孩子们的得意自豪之情溢于言表，也愈发懂得食物的珍贵。这样的实践收获，要比坐在课堂里一遍遍叮嘱，一次次模拟来得生动，教育效果也更为全面。尝到了走出教室的甜头后，我又把孩子们的体验基地搬到了学校大门口的值班室，在与保安人员的互动中学习礼貌地给来客登记、为出入车辆按下遥控器开关等。

其次，我找寻不同的时机把活动的天地移到了校园外。借着住校生用品不足需要补充的机会，我带着几个孩子舍弃校园门口的小超市，专程乘公交车去了一家大型综合商场，以此来培养孩子们乘车、购物的能力；学校大门前的绿化带旁，环卫工人们正忙着清理杂物，为花木浇水，我带领孩子们参与其中，让孩子们在接触和交流中辨识植物，辨别杂草，为环境美化助一把力。诸如此类的机会，我会努力捕捉，充分利用，几年下来，我班孩子的自理自律能力明显强于其他班。

这些"走出去"的连接和体验并不特别，源于生活、适于行动，它们往往被学校、被家庭所忽略，但这一部分，对于特殊的生命群体而言，却无比重要。

用"请进来"修复与社会断了的连接

既然"走出去"的机遇那么难求，何不换个方向，把外面的资源搬进校园来呢？

"你说要尝试把不同的人请进教室，这是什么意思？"我大胆的设想让领导吃了一惊，"咱们的学生，连和人打招呼都不会，还时不时冒出些不合时宜的问题，恐怕不合适吧！"在我"正因为孩子存在不善与人交流的短板、与社会生活脱节的成长弊端，才需要重新连接"的坚持下，领导勉强同意，由着我去折腾。

想法很简单，但真正实施起来却困难重重，毕竟我也只是一个被困在特殊教育学校近二十年的老师，除同事外，还真不认识几个社会人。好在，我比较会借力。

首先我会向家长借力，比如朋的妈妈是位糕点师，我就带着孩子们出去采购了材料，从家里搬来了烤箱，邀请她为孩子们分享自己的工作日常，激起兴趣后，再于教室内进行一番烘焙体验。

用活动促进交流，滋养能力，是我的目标。通过这样的方式，我请来了会手工编织的妈妈、会面塑的奶奶、会变废为宝的巧爸爸，于一方固定的教室里营造流动的成长体验。

我还比较会薅学校的"羊毛"，借医院入校为学生查体之际，我恳请医生和护士在工作结束后走到我的班级中，和孩子们分享身体康健和护理之道；借消防宣传进校园之际，我邀请消防员和孩子们一起转转校园，在看似随性的行走中把何时何地可能出现什么样的安全问题、要如何解决等印入学生的脑海；上级领导来参观检查，我会鼓励孩子们主动前去问候招呼，甚至做些简单的交流。在种种交往中，学生既开阔了眼界，增长了知识，又历练了沟通交流能力。

用"放开手"成就自主自立的社会小公民

只要细心审视就不难发现，现在孩子成长中最大的问题就是老师不敢放手，家长不懂放手。于是，教育之怪现状便一次次于生活中上演——一群不肯放手的人抱怨孩子不够独立，不能自立。这种状况，在特殊学校里更为明显。

为了改变特殊学生成长中这种被动的局面，我做了两方面的尝试：

一是用具体的指导改变家长的观念和行动。在孩子成长这件事上，班主任大小道理讲了一箩筐，但往往收效甚微，究其原因，还是家长只关注到了"理"，却不知道具体该如何"行"。因此，每次放假前，我都会做一些详细的指导："记得让咱孩子自己买车票哦！""去超市购物，家长只陪着，挑选算钱的事让孩子来，他可以的！"

"这个周学习了洗衣服，学生的衣服请让他们自己洗。"这样把成长任务具体化，家长就不至于无从下手，而且在坚持中也更加能体验到蜕变的发生，坚定"放手"的信心和决心。

二是以多样的活动促进家长的助力与放手。每个学期，我至少组织两次亲子社会体验活动，于活动中让家长学习如何正确地指导孩子，如何在该放手时毫不犹豫。比如海边游玩活动中，家长们就在我的鼓励下，放手让孩子自己去准备出游需要带的食物、工具等，只在有所遗漏时给孩子提个醒，如"玩累了要去哪儿休息""吃零食制造的垃圾怎么处理""杨老师和同学们都陪我们，需不需要再准备什么"等。在这样的亲子体验中，孩子感受到的不是被控制、被要求，而是主动参与、愉快合作。

每每回顾与我这个班主任共同度过的时光，孩子们都说自己是在活动中成长起来顺利走上社会的，家长们更是动情地把班级比喻成小公民的"快乐成长营"。我的班级，那些年，因为我倾心营造的氛围而灵动了成长，鲜活了成长，最终，每个孩子都成功地立足在了社会那个更大的团体当中。

以"放飞式"体验培养理性消费观

　　教师们对校园里的种种奢靡忧心不已，却对如何引导学生理性消费、合理支出满腹踌躇，总感觉很多方法很难奏效。细细回观，如果我们对学生的财富观或者消费方式的教育采用苦口婆心式说教劝诫，故事加道理式轮番轰炸，又或者严防死守式看管控制，看似招招指向问题，但施教过后总觉得不痛不痒，对学生消费观的影响微乎其微。

　　要对症下药，首先得认清两点。一是对学生非理性消费的恰当归因。现在的学生均为"00后"，大多在父母精心搭建的温室中成长，缺乏生产性实践体验，难以体会财富背后的付出与辛苦。在这样的背景下，学生很难建立对金钱的珍惜心理，这是校园消费奢侈现象的根本源头。二是控制型教育理念对教育行动的制约。当教育收效甚微时，有些教育者首先想到的是加大教育力度，增加纠正频度，却忽视了这种教育失败的根本在"控制"。太想控制学生，总希望把他们消费的理性之线牵在自己手里，让学生按设定的轨迹行消费之事，也屡屡在失败中感叹教育的匮乏与无力。改变这一状况的关键在于逆转教育思维——大胆放飞，让学生体验生活的不易、财富的难得，以切身的触动与体悟为自己的消费行为纠偏。

在真实的体验中品尝生活的滋味

我常常思考：我们的学生是在蜜罐里成长的，他们真的了解生活吗？知道真正的生活什么样吗？衣来伸手，饭来张口，想要什么都会获得满足，甚至被过度满足，这种生命状态不能称为生活，而只是富足地活着。真正的生活是一种生命置身其中的体验，是一种以身践行的活动状态，更是一种"放飞式"的自主成长。

2018年初，我到河南开封求实中学专访了张建平校长。访谈中，张校长介绍了学校的传统活动：每年，求实中学的学生都会分成多个小组，进行几次在城市独立生活的体验，既有在开封小城里的独立谋生尝试，也有在郑州、上海等大都市的独立放飞。活动前，学生们会在学校领到十元或者二十元生活费，然后结伴出行，在城市里独自生活一天。

在这样的生活体验中，学生们即便把钱掰成两半，也难以满足一天的基本生活需求。于是，他们便用自带的矿泉水瓶接免费的水喝，挨家店铺询问是否需要零工，只要管饭就可以，还要算计着如何乘车最省钱，如何才能在晚上活动结束的时候顺利返回……张校长的初衷是希望学校培养出来的不仅是"学"生，还是能在社会上独立生存的人。她说，几次活动下来，再也看不见垃圾桶里大块的馒头，水槽中哗哗流个不停的自来水了。知道每一分钱都来之不易，寒暑假，学生们便有了更丰富的过法：卖菜赚零用钱，收废品为自己买书，等等。求实中学的"放飞式"生存体验，给我们的消费教育启示是：教育学生合理消费，唯有立足多样的生活体验，才可能引发学生自发自觉的理性消费行动。

成长是什么？周国平有一段文字是专门写给年轻人的："你必须独自承担岁月在你的心灵上和身体上的刻痕。"成长，是一种担当，一种历练，更是一种身心与共的投入与体验。成长中，经历一些风雨，树干才能茁壮；有过一些磕碰，生命才会有痕。我们的教育，无论是文化的传播还是技能的传授，无论是价值观的引导还是消费观的培养，都过分关注了"教"的灌输和"育"的呵护，缺少了放手让学生自由飞翔的勇气。

放飞生命，让学生自己去体验生活的甜与苦，自己去揣摩消费的量与度，他们方会建立正确的消费观念，"量入为出"地安排支出，形成对财物的基本认知。在此基础上，如果能够让学生在劳动中体验到财富创造的艰难，并在创造中获得幸福感和成就感，将会提升学生理性消费的水平和能力。

以动手劳作达到触动心灵之功效

如果说，"放飞式"的活动尝试是帮助学生树立合理消费观念的枝干，那么动手操作则是这条枝干上必不可少的鲜活芽叶。

有段时间，我也总为班上学生的浪费行为伤脑筋：没用多久的书皮说扔就扔，精美的文具说不要就不要，不合口味的食物眼都不眨一下就进垃圾桶。聊天中，谈及这种现象，学生们也是满脸的无所谓："我有很多呀，脏了旧了就扔了！""只要我要，家长就会给我买新的。""爸爸妈妈会主动给我买各种玩具和零食。"……种种不在乎的背后，都透露着一种讯息：一切都来得太容易了。何止学生，成人世界也有这种通病，全然不费工夫得来的东西，总是显得廉价甚至一文不值。问题的原点也应该是化解问题的破冰点，要转变学生偏颇的消费观念，或许我可以由此入手。

在找寻与思索的过程中，我想起自己小时候的生活：到处搜集有图案的包装纸，用来给自己的课本制作精美的"外衣"；用粗大的鹅毛做成简易的蘸水钢笔；和小伙伴们动手制造玩具。虽然没有富足的物质条件支撑，但那样的成长充满乐趣，那些亲手制作出来的小玩意永远是一个孩子心头的至宝。可不可以让学生们多一些动手的尝试，在劳动中体会到一切物品的来之不易，进而养成正确的消费观念呢？

带着这样的想法，我在班级开展了一系列尝试：以动手制作书皮为代表的学习用品系列制作，以亲手制作风铃、卡片为代表的精美礼品系列制作，与家政课相结合的烹饪美食系列制作……尝试中我也欣喜于意外的收获：学生们对自己动手制作的东西格外珍惜，也更有成就感。借着这样的机会，我再向他们亮出"正确消费"这把剑时，就很容易让他们有所触动与收获。学生们会明白，自己动手做一件简单的物品都那么耗费时间和力气，以前那些说扔就扔的成品更是要经历数不清的工序，那种行为是错误的；他们也会懂得，并非高价买来的东西就一定是好的，自己劳动得来的更珍贵、更有意义。行少言之教，在动手操作中的收获有直触心灵的鲜活功效。

我一直觉得，对于学生正确消费观念的培养与教育，我们做什么、付出多少都无关紧要，最重要的是我们做对了多少。放开手，让学生多在劳动中体验，然后把这样的体验内融于心，外化于行，是我们能做到的，也是行之有效的。归根结底，对学生理性消费的引导，需要学校、教师创设条件，给他们以丰富的生活体验，更需要家长以身作则，做好学生成长中那面闪光的镜子。为人师者，为人父母者，如果以爱的名义包办一切，学生们就会失去成长的内在动力和负责任的能力；如果以爱的名义如影随形，就会剥夺学生自主的生命空间，让他们在被关注中喘不过气来。在这种关得过紧、爱得过度的氛围中，又怎么能期待学生消费观正确呢？

放放手，所有的放飞其实都是成全！

三种对接，将劳动之美植入学生心田

不爱劳动、疏于动手甚至瞧不起体力劳动，在当下学生群体中非常普遍。究其原因，既有学校、家庭层面重学识培育、轻劳动培养的普遍性偏颇，也有社会层面潜意识中存在的脑力劳动优于体力劳动的不合理识见。

作为班主任，我们注定做不了成长大链条的牵引者，但可以着眼小细节的对接，将劳动之美重新植入孩子们成长的心田。

与趣味连接，让劳动悦心

《大中小学劳动教育指导纲要（试行）》的发布，确实在各个层面引发了对劳动教育的关注和实践。但我始终认为，排上了课表、列入了考核项目的劳育，于成长中的孩子而言，不能只是需要完成的任务，更应有身心体验的灵动与愉悦。

在我们班的劳动习惯培养中，我非常注重将其与孩子的童心相连接，把劳动参与变得趣味十足。

　　阴冷的深秋时节，满地翻飞的树叶让卫生打扫的难度翻了几倍，如果把清理卫生区当作任务布置给孩子们，他们肯定歪着鼻子噘着嘴，心里不快。"同学们，经过我的侦查，那些名叫'捣蛋分子'的落叶又来侵占咱班的领地了，要不要出去把它们逮住？"换了种方式，我的话音还未落，孩子们唰的一下，竟全涌出了教室。操场上、人行道上，满满的欢笑声和"看我抓住了这么多"的欣喜声。一会儿工夫，东一片西一枚遍地散落的叶子都被孩子们"抓"进了垃圾袋里。

　　炎炎夏日，花园里随时都可能冒出来的杂草让孩子们伤透了脑筋，可是当清理工作变成"捉捕坏草"的活动后，这样的劳动就变成了一场有趣的游戏；清理垃圾、运送废旧物品这种脏活累活原本是每个人避之不及的，可当被赋予了"送杂物回家"之名后，这样的劳动就变成了孩子们渴望参与的体验……

　　不可否认，许多机械而繁重的劳动任务连成人都避之不及，更遑论孩子们呢。但"捣乱的树叶""想回家的杂物"这样的表述却是顽皮而充满童趣的，当无味的劳动以有趣的游戏方式闯入心灵，孩子们自然会意趣盎然，悦在其中。

与生活连接，让劳动致用

　　劳动习惯的培养，绝不是仅仅靠课程的开设、技能的传授就能达成的。在我看来，只有将劳动教育与生活实际相连接，在用中习得，在用中养成，才是正道。

　　许多老师在实施劳动教育时，惯于跟着地方教材或校本课程的编排来走，别人排什么自己教什么，固化而机械，缺少对学生需求或教育实施契机的敏锐捕捉。我们班的劳动教育内容更多是基于我的灵敏感知和孩子的生活需求来选取、调整的。

比如课间操时，一个孩子的鞋带没系好摔了一跤，我借着提醒大家注意安全的时机引领他们展示各种鞋带的系法，这个交流的过程自然也就变成了一种劳动习得的过程；而每次上操时、活动前的自我审视检查，就是一次次的巩固与养成。再比如，孩子们对每个周三的午餐特别期待，因为那天中午会吃包子。基于这样的察知，我在带班的五年中领着孩子们走进餐厅学习了择菜洗菜、擀皮揉面、制作包子、分发食物等不同的劳动项目，将劳动内容与孩子们的生活进行了有效勾连，更重要的是，孩子们很容易体验到劳动本身以及自身参与的价值。

当然了，劳动教材内容是我们必须要完成的，这是一种根源性的参照。在此基础上，我们可以把教材内容巧妙地牵引到生活的土壤中。学习了针线使用，我就根据班级开设活动的需求，让孩子们自己缝沙包、钉毽子，凭自己的劳动去改变和丰富自己的生活。

当将劳动教育寓于生活，学生便愈发能够感受到自身的"可为"与"能为"，自然也就将好的习惯长久保持了。

与社会连接，让劳动赋能

在生命成长的过程中，如果孩子们的知识习得仅仅是一个人的独舞，烦躁、厌腻情绪便很容易滋生。毕竟，个体之所以有价值，是因为他总能感受到自己对社会的某种波及之力。从这个角度来看，我们所倡导的劳动教育其实是为了给不同的生命赋予立足社会的那种

"能"。

倘若在劳动技能培育中，我们只是囿于校园的机械传授，囿于家庭生活的实践，却不能与社会相接相承，其效果肯定会大打折扣。因此，教师应该扮演好成长勾连者这一角色，不停地为孩子们的劳动赋能。在自己的班级管理中，我的劳动赋能方式主要有两种。

一是自助型赋能。比如，在校园后面申请了一块土地，我带着孩子们划分了不同的区域，种植了蔬菜瓜果，每个周会安排不同的小组来管理。这些果蔬成熟后，采摘下来拿出一部分到附近的生活区售卖，所得收入用来买大家喜欢的书、玩具、日常用品等。这样的劳动体验虽然趋向于自助，但孩子们所扮演的却是社会小公民的角色，在劳动和交易之中会不断地获得体验、认同、许可。

二是服务型赋能。环卫工人在校门外清除杂草或捡拾垃圾，我会引导孩子们重点关注这一劳动群体的特点。当发现多是年纪大、生活不易的人在参与这项工作时，便很容易激起孩子们内心的同情与关爱。当以协助的姿态参与到环境保护工作中来，学生们所体验到的便是助人、服务社会的充实与快乐。

劳动教育不仅仅是为了实现生活上的自主与自立，还应该成为涵养学生的精神田园；学生的成长不仅仅有生存和立足的需要，更有情感价值认同上的需要。如此而言，将劳动与社会连接，才是赋能生命成长的正道。

劳动教育的起点在哪里，孩子们未来的高度就在哪里。三种连接，植下的是美好的劳动之种，培育的是孩子生命发展的向度。

来一次"三方有约"的期末表彰会

"咱们学校的学生情况这么特殊，既找不出多少成长的闪光点拿出来亮相，也不适合搞大规模的期末表彰活动，同往年一样，学校买了些奖状和笔记本，各班班主任自行回班发放下去鼓励鼓励学生，再好好强调一下假期安全就离校吧！"学生放假前一天，学校领导做了这样的部署。

走出会议室，心里颇有一种"年年岁岁花相似"的怅然。如此表彰，一次两次，孩子们看着写有自己名字的奖励还有些兴奋和自豪，但几年老调常弹下来便没有新鲜劲了——发不发奖都没关系，早点回家撒欢地玩才是正事。任课老师也是无精打采地感叹着："又辛辛苦苦熬完了一学期，普通学校的老师还有个学生考出来的分数给辛苦一份交代，可我们呢？老师累死累活学生进步微小不说，家长还毫不领情地认为就看那么几个孩子有什么工作压力……"

一场班主任无味、学生无感、任课教师还找不到存在感的期末表彰会有什么意义呢？难道身为班主任的我就不能在遵照学校要求的前提下，赋予期末表彰活动更多的意义和能量吗？几经思量，我做了一次前所未有的尝试。

"亲爱的家长朋友：明天孩子们就要放假离校了，为了和您一起回顾孩子一年来的发展与蜕变，雪梅老师邀请各位家长走进七年级教室，共同为这份美好的成长打一个结……上午九点半，我和所有的任课教师与大家不见不散！"这是通过微信、短信发给所有家长的邀请。我相信，任何孩子的成长如果少了父母的见证都是不完整的。

"各位老师，这学期好些家长都反馈孩子进步很大，也都说这种进步离不开各科老师的辛苦付出，他们明天希望能和任课老师进一步交流下，看看接下来怎么样配合才会更好……"我把这变相的邀请传达给了各任课教师。"这批家长还真不错，知道和老师沟通的重要！""家长愿意配合，孩子肯定进步得快，这么多年咱们碰到的多少都是甩手掌柜呀。"寥寥几语的反馈，让我意识到了学生成长中另一个被忽视的环节——任课老师与家长之间的通联是断了线的。

当老师、家长和孩子们"三方相约"，共同为成长开一次表彰会，一定会碰撞出更多的精彩，我愈加笃信。

在布置成弧形的表彰会现场，我逐一念着学生的名字，用尽量具体的描述把孩子们的成长进步呈现出来，具体到某个学科某一方面的变化及程度。每介绍完一个孩子的蜕变，我都会进行现场采访，让孩子们自己说说为什么"身体素质好了""计算能力强了""原来不会骑的脚踏车现在能够骑行很长距离了"。

原来清清冷冷地发个奖就放假的表彰模式，这一次却因为任课老师带着祝贺而来，因为父母家人带了见证而来，重新激活了孩子们的热情：他们兴奋地表达着自己的激动和开心，也主动搜寻着对他们的变化产生诸多帮助的能量源。孩子们简单的表述，呈现出的是"体育老师每天早晨带着我们锻炼，康复训练老师每次上课都扶我练习骑行"之类的精准描述。

有了孩子们这样的回顾，家长们捕捉到的是平时忽视甚至从来都没有想过的"老师的辛劳"，"老师，你们太不容易了，普通学校的老师一个人能看好几十，咱这样的孩子只能一对一。""老师不说我还真没感觉到孩子的改变和进步，原来进步是体现在方方面面的，每一点进步的背后老师都付出了那么多啊！"……原来以为班级只有班主任一个人忙活的家长，似乎第一次意识到自己孩子的成长与那么多老师息息相关，每一个老师都付出了大量的心血才换来自己"特殊孩子"的微小进步。感动，尊重，泪水，笑意，就在这样的表彰会现场火热地交融着。

与会的任课老师也被这前所未见的表彰式会谈场面感动着：原来自己所做的那一点一滴学生都是有感知和铭记的，原来家长也是懂得感恩的，原来没有"桃李满天下"的耕耘也会有别样的收获……带着这样的触动，老师们主动和家长交流了起来，对孩子成长中的日常注意事项、假期康复要点等都给出了具体建议。孩子们兴奋地听着，家长们专注地记着。

同样的期末表彰，因为有了"三方相约"的成长互动而打破了以往单调呆板的壁垒。在这样的活动策划与引导中，我的班级管理工作一下子由原来的孤掌难鸣变成了众人划桨，家长因为了解和理解而越来越多地参与到了学校活动中来，老师因为欣慰欣喜而以更大的热情投入学生成长的研究，这种合力铸就了学生越来越好的发展。

三方有约，最终我是用一种细致的回顾打开了明日的新精彩！

搭建家校合作的桥梁 第三辑

　　曾经做过一项调查——"班级建设中你最大的困惑是什么?" 80%
的老师认为是家校关系。稍稍归结,大家认为关系难调的原因无非如
下:家校边界不好把握,教育合力难以形成;家庭底版错综复杂,问题
查摆无从下手;家长素质有高有低,教师应对心力交瘁。

　　其实,家与校之间,心与心之间,都需要一座桥的连接。智慧的班
主任,得是一名好的工程师,能够架起那座通往合作的桥梁。

让家校共育成为可能

黎巴嫩诗人纪伯伦说："如果父母是一张弓，孩子就是搭在弓上的箭。"可以说，家长的言行举止对孩子的成长有着至关重要的引领和影响。如果学校的智慧育人能与家庭的正向影响巧妙相融，那么，在这种共育模式下便会最大限度地让美好成长发生，让健康人格塑成。

可综观当下教育，教师总为得不到家长的理解与支持而神伤，家庭又常常会在对学校教育高期待与实际教育低位前行的落差下滋生不满。归根结底，双方都在为"育"而忙，却又不能在一个频道上发生共振。

到底是什么因素导致了老师与家长目标一致却难于并肩呢？其实只要细心探寻考量我们就会发现，学校与家庭、老师与家长，往往都是习惯于站在自我的角度审视问题，这个"自我视角"就是一堵无形的墙，让彼此间的信任与沟通有了诸多障碍。而班主任，就是那个消除无形壁障、将学校和家庭拧成一股绳的关键人物。要破解难以形成合力的僵局，让家校共育绽开和谐之花，以下几个发力点需要我们主动去尝试。

改变不合理认知，将家长变成"自己人"

从认知行为的角度来看，所有个体的问题都不仅仅是外在行为层面的问题，更是认知的结果，不恰切的认知才是家校关系的隔膜所在。家长认为：为人父母，爱孩子是自己的本分，关注孩子成长是自己的义务，但孩子学识的培养、能力的提升却是学校的责任。老师们也不乏这样的认知：教好书、育好人、做好本职工作是分内之事，家庭的育人理念和家长的教养方式自己鞭长莫及。于是，这微妙却难以逾越的壁障就让教师和家长都有了隔空无法发力的焦虑。

作为老师，我们能做的其实是先从改变自己开始：家长的认知难以与自己同频，那我们就再向前迈一步，多在日常接触中予他们以正向影响，拉近彼此心灵的距离；与家长之间隔岸相望注定会有无法合力的困扰，那就主动拆除壁垒，凑聚一起与家长共同前行。

心理学中的"自己人效应"在促进家校共育工作中给了我莫大的启示：在人际交往中，如果双方关系良好，把对方视为自己人的话，就更容易接受对方的某些观点、立场。初次见面，我一定会走下讲台，和家长们聊聊关于"咱孩子"成长的那些事；日常碰面，我定会多多驻足，向家长们分享自己教育孩子的苦辣甜酸；家校沟通，我尽量转换视角，站在家庭的角度去考量自己的交流方式怎样更容易被接受……

用"自己人效应"激发共鸣，找寻到与家长心灵沟通的连接点，创造出心心相印的共鸣区，其实没有那么难。那些关照情感的交流、关于教育目的的探讨、关乎生活经历的分享等，都能够在教师与家长之间架起一座心意相通的桥梁。

先看碟再下菜，让沟通更富实效

其实，在与家长进行沟通时，我们要面对的绝不是某种单一类型的群体，而是年龄性别各不相同、文化背景生活习惯各有差异、个性特点以及家庭中的身份角色也截然不同的个体。作为班主任，如果不能在家校沟通过程中关注到这些差异，以一成不变的交流方式来应对这些家长，沟通和共育的功效自然会大打折扣。

在与家长的互动中，我通常都会"看碟下菜"，尽可能全方位地了解每个家长的特性，从而在日常交流中选择适宜的沟通内容和沟通方式。

比如，在与年轻的妈妈相处时，我会努力构建智慧的沟通交流关系，用她们最为关注的亲子教育和流行话题打开合作之门，以自己良好的修养和扎实的专业知识赢得她们的信任；与爸爸们聊天时，我会在不经意间传达这样一种讯息——高品质的父爱是孩子成长中最关键的一环，父亲在孩子成长中的榜样力量是任何陪伴都无法替代的，并为那些主动参与孩子成长活动的爸爸及时送上赞许和肯定；与祖辈家长沟通时，态度则诚恳亲切，指导教育方法具体、形象、到位、可操作，避免空洞地说教。

当然了，和性格爽朗的家长说话时，我的"粗枝大叶"会让他们觉得更自然；与拘谨谦逊的家长交流时，和婉知性的态度更容易被接受；与敏感而不自信的家长沟通时，有时我会适当暴露自己的弱点，让家长觉得和老师相处没有压力……因为练就了善于"看碟"的本领，所以我"端"上桌来的沟通原料总是能合不同家长的胃口，家长自然愿意全力配合我的工作。

创设参与机会，为家长赋权增能

大多数家长之所以在朝向学校的教育中扮演了"甩手掌柜"的角色，并非他们漠视成长或不愿参与，而是"门外汉"的自我认知带给他们强烈的无力感。于是，更多时候他们只能站在教育的大门外指指点点，却完全不知道自己还可以做些什么。

班级管理中，我一直都在避免以权威者和专业人士的姿态出现在家长面前，而是注重与家长建立平等的伙伴关系，并通过邀请他们参与班级建设、活动设计、成长规划等增强家长的权能感。

以我在所带班级发起的寒假"持续打卡阅读"活动为例：当有了假期陪孩子们读书的想法后，我第一时间把这一想法与家长分享，请他们为我出谋划策。考虑到读书交流的便利，有的家长建议共读一本书；当知道老师会和孩子们一起读时，有的家长提出亲子共读也是相当不错的方式，并决定从自己做起；当想到一个人的坚持可能会很难时，有的家长便建议建群打卡，这样大家互相勉励……当这一个个"金点子"都来自家长时，他们就不再认为是老师在布置额外的任务增添自己的负担，也意识到面对孩子与教育时自己绝不是个无力的旁观者，而是强大的支持与合作者，自己每一点滴的付出都是有价值、有成就的。

其实，一名智慧的班主任，为家长赋权增能的方式有很多，问题的关键在于，你是否能意识到家长不能融入班级建设的原因。比如有的家长忙于生计，与孩子缺少交流和沟通，更无暇关注班级与学校的活动。这个时候，如果班主任能够主动把活动的开展向家长介绍或者邀请他们进校参与一些亲子活动，就既能增进亲子间的情感交流，也能促进家校间近距离的沟通。

进行价值引领，让共育得以实现

家庭是孩子成长的第一所学校，父母是孩子成长的关键导师，作为班主任，必须清晰地认识到这一点并敢于以自己的学识能力去影响家庭育人方式。

"班主任去影响家庭和家长？"很多老师会觉得这种想法有些荒唐，毕竟，家校之间是有边界的，家校在育人中是有着各自的责任的。可当我一步步走近家长后才发现，他们对于家庭教育的方法是那么求知若渴，对于如何走进自己孩子的心灵是那么焦急迫切，对于如何与老师协力配合是那么在意却无措。这时，班主任如果敢于打破家校间的界线，能适时根据家长所需给予一些引领和指导，就会让合力育人事半功倍。

在班级管理工作中，我是一个非常善于捕捉时机对家长进行价值引领的班主任。不少父母都为孩子过于沉迷手机游戏而焦虑，可他们却并没有意识到自己在和我交流时也不时地盯着手机瞟几眼，由此"这样做，让孩子真正放下手机"应运而生，它是我针对大家最头疼的问题设计的一次家庭教育讲座，由于主题正好切中家长需求，他们纷纷报名参加。我通过一件件鲜活的事例让家长意识到，孩子其实是家庭的一面镜子，映照出的问题恰恰是家长最真实的行为再现，引领他们在怨责孩子不省心的同时先反思自己。在意识到自己才是问题源头之后，家长们便纷纷来向我讨教："老师，我一定改，可是现在要怎么做才能更好地影响到孩子呢？""老师，您把问题分析得特别透彻，我服您，接下来我可以做些什么？"当家长带着虔诚而虚心的态度来讨教时，我的那些正向的班级活动理念和育人价值观便都是他们最迫切需要的"救命稻草"，被紧紧地抓住不肯放松。

因为善于寻找问题根源，也能想方设法创设最恰切的机会让家长理解"老师在做什么，为什么这样做，这样做的好处在哪里"，在我的班级，任何一项活动都有家长做我最坚实的后盾。我的班级管理压力减轻了不少，而效果却出人意料地理想。

家校沟通不易，朝着共同的育人目标齐头并进更为不易。一个明智的班主任，一定要用心搭建起让家长了解教育、理解教育、支持教育的平台，也一定要用智慧搭建起凝聚家校合力、联动优势资源、指向健康成长的舞台。这样的搭建，需要智慧，更需要行动。

家校之弦，微拨轻弹更和谐

苏联教育家苏霍姆林斯基在《帕夫雷什中学》中说："儿童只有在这样的条件下才能实现和谐的全面发展，就是两个教育者，即学校和家庭，不仅要有一致行动，要向儿童提出同样的要求，而且要志同道合，抱着一致的信念。"确实如此，教和育的过程，不能局限于学校之内、课堂之上，还需要取得家庭的支持与配合。家校之间只有通力合作，才能共筑成长之基。

但家校通联的这座桥，行起来显然并不特别顺畅。耗时冗长的说教式沟通，家长会听得厌烦，索然无味；频繁的互动式约见，了无新意，很容易让人失去耐性。俗话说"快马不用鞭催，响鼓不用重槌"，"微革命"一词的出现不由得令我眼前一亮：家校沟通中，我们是不是也可以进行一次革命，用微拨轻弹的方式奏出更为和谐的曲调呢？带着这样的设想，我进行了一系列"微"尝试。

家校交流——"微言"现大意

无论是家长会，还是平时与家长的交流，我们总是习惯于喋喋不休，恨不得把孩子的优点、不足、近期表现、长远发展、亟待解决的问题一次性唠叨完。结果却是，我们的问题反馈并没有引起家长的重视，我们对孩子的赞许并未漾起家长脸上的笑容，我们挖空心思学来的那些家庭教育之道也并没有影响到家长，让他们的教养方式有所转变。

当意识到教育中的细枝末节可能有着不可估量的作用后，我便在日常交流的"微"上下足了功夫，于细小之处着手，改进自己与学生家长的交流方式。

首先，我一改过去以自我为中心的习惯，交流中尽量避免使用"我觉得""我认为"之类的词来开头，而是把重心放在了孩子和家长身上，如"孩子最近注意力不是很集中，是不是没休息好？""小家伙进步很大，这和你们的付出是分不开的！"当自己和孩子变成了话题里的主人公，家长自然愿意驻足聆听，我的话语便可能在其心里留下印痕。

其次，我会努力把握好交谈的"度"，孩子犯错了要警示有度，点到即可，没有一个人希望自己的孩子在别人的口中一无是处；孩子的表现可圈可点时要赞许适度，过度的夸奖会少了真诚，轻描淡写的肯定也许根本就无关痛痒。

再次，心理学上的"超限效应"给了我极大的启示，那就是刺激过多、过强或作用时间过久，会引起心理上的不耐烦或逆反。细细反思，自己的工作中这种"超限"之误是时有发生的。于是，每次碰面我尽可能只向家长传递一种讯息，需要关注的或改进的，值得肯定的或仍需保持的……并使用诚挚简练的语言来表述。

虽然只是言语上的微小调整，但我与家长间的交流却越来越亲密而有效了。

家庭走访——"微机"不可失

虽然进入了信息时代，微信、QQ 群、校讯通等便捷的联系方式让家校沟通吃上了"快餐"，但传统面对面式的家访依然有着无可替代的作用。走上门去，我们才能更直观地看到学生及其家庭的真实面貌，敏锐地察觉到孩子成长中问题的根源；走上门去，来一次促膝攀谈，让眼神与心灵交汇，沟通才有可能更深入、更密切，也才能更触动心灵；走上门去，才有可能还原孩子生活中真实的一面，使教育行为更富成效、更有针对性。当然，越是大餐越需要精心的烹制与火候的掌控。要想将登门家访这道大餐烹得营养够味，需要我们于细微处多一些思量。

在具体的家校沟通工作中，我带着对细节的体察，带着对巧妙时机的准确把握，一次次叩开了家访之门。

首先，不把家访变成告状之访。

一提起家访，很多人就将它与告状画上等号，其结果是家长紧张、孩子不安。既然老师的登门会让家长与孩子感觉顾虑重重，我们何不在登门前巧妙地来个暗示消除这种不自在呢？

我通常会借这样几个机会顺势家访：一是孩子们在某项活动评比中取得优异成绩后，我会亲自上门颁奖。"走上门颁奖"既可让孩子和家长感受到这份奖励的分量之重，又能借此契机让彼此间的交流更轻松、更有效。二是在孩子们有某方面进步后，借"取经"之名走进家庭。班主任带着孩子进步的喜讯上门，必然是每名家长都乐于见到和接受的，当发现自己对孩子的教育经验居然还吸引了老师，家长们便会主动总结或反思自己的亲子教育经验，也更乐于打开话匣。

其次，巧借"东风"登门拜访。

特殊教育学校的孩子们出于身体原因常常意外频出：今天这个发烧生病要回家休养，明天那个又可能因自理能力差弄脏了衣裤得回家换洗……这些频发的意外我都会变成家校联系的"东风"，助我顺利打开家访之门。

班上有个孩子性格孤僻，见了我总是敬而远之。一次他肺炎发作在家休养，我带了些食品上门探望，这个平时不善表达的孩子在我出现的刹那，眼里闪耀着既惊又喜的光芒，而他父母更是拉着我的手主动和我聊了很多。适时的登门，瞬间拉近了我与这个家庭的距离，也额外回馈了我更多宝贵的教育讯息。我还曾通过送孩子回家、"顺路"捎一段乘车不便的家长等方式进行交流，于无痕中收到入门深访的实效。

家校沟通不易，重力弹拨极有可能弦绷音破，倒不如巧妙借力，着眼细微，微微地拨动心弦，轻轻地击出节奏，带着更多的智慧谱一曲和谐的家校合力乐章。

家校合作的"越界"与"守界"

　　不论学校教育还是家庭教育，最终都是指向人的——为了孩子的全面发展和健康成长。按理说，有了同一个目标，家校之间的合作应该是顺畅和谐的，但事实却并非如此。教师常为家长的不配合、不理解而无奈神伤，家长也总是因为学校教育与自己的期待存在落差而不满、焦虑。

　　当家校同向却难以同频时，教师作为主体之一便容易陷入两种境地：要么死守边界，只履行好自己在学校里的教育职责就够了；要么热情过火，似乎要把自身那双"全能"的教育之手不断地探伸到家庭教育缺失的方方面面。

　　家校关系如何由相互指责走向顺畅和谐？家校合作如何由各自为政、单方发力转向携手并进、有效配合？在笔者看来，家庭固然有家庭的义务，学校也有学校的职责，二者之间确实是有边界的，但就当下社会教育发展的需求而言，作为教育实施者的教师，在必要的时候也是需要打破边界、主动发力的。因此，守好边界或打破边界都是师者必须为之的。但如何守、如何破，又或者说什么时候该守、什么时候该破，却是一道愁煞众人的谜题。

"越界"——跨出去的那一步才是良好教育的基石

"有什么样的家长就有什么样的孩子，这孩子的问题之根在家庭，我可管不了！""这是家长的事，我就是个小老师能怎么样呢？"在很多教师看来，一个有问题的原生家庭不是凭自己的力量就能介入的。于是，当发现孩子成长中的种种问题与家庭息息相关后，教师便有了放弃和不作为的理由。

其实，家校之间的边界是有伸缩性的，教育者清晰的边界意识、敏锐的教育感知能力和智慧的介入方式是保证合作顺畅、携手有效的关键。

一是说家长"听得懂"的话。

据许多教师的反馈，家长"素质低""把老师的话当耳边风""不配合工作"等组成了横亘在家校间的那条鸿沟，但有时候我们稍加细品便会发现，也许教育者的表述方式才是导致合作低效的主要原因。

"各位家长，我们的孩子终归是要走上社会的，所以大家一定要注意培养孩子的自理自立能力，多给孩子提供融入社会、锻炼自我的机会……"这是家长会上，一位班主任的侃侃而谈。乍一听，很有道理，但如何去执行、如何去落实呢？恐怕很多人会一头雾水。

其实，在教育方面，学生家长相对是外行，当老师的话语体系过于专业或者过于抽象时，虽然学生家长听起来感觉很有道理，但对于具体该做什么、怎么去做会茫然无措。因此，教师对家长提出希望时将目标明确化、将要求具体化很有必要。比如可以这样说："一个自理自立能力不强的孩子肯定不能适应社会。最近在生活课堂上，咱们学习了如何乘坐公交、如何购物，以后这样的事就让孩子自己来做！"这样的话语，人人都听得懂，自然能让家校合作增益不少。

二是将家长拉到"比肩站"的位置。

对教育来说，比"不配合"更令人揪心的是家长总站在老师的对立面——姿态强势，追问质疑，甚至发生摩擦。

可能有一个问题大家都忽视了，那就是沟通时老师的发声立场是会影响到双方的站位的。笔者曾捕捉到这样的镜头：孩子犯了错，老师气不打一处来，诸如"你们家的孩子""你们当家长的""我这个老师"等话语也就不假思索地脱口而出。这位老师所不明白的是，当他开口便要分出个"你和我"时，就已经先一步将家长推到了自己的对立面。这是不可取的。沟通时，教师要注意言语细节，于不动声色间把家长拉到与自己同等同向的位置上。

很多家长在评价我这个班主任时，都会说："杨老师这个人虽然有脾气，也严厉了些，但人家是真心为了咱孩子好的！"道理其实很简单，因为不论和蔼也好，严厉也罢，我一张口肯定会先把家长"拉过来"："咱家这个孩子品行没的说，就是太顽皮了，今天在学校里又闯了祸，气得我……""我们一起研究下，怎么样才能帮助孩子改掉这个不太好的习惯……"当这样的话一出口，家长首先感受到的是老师和自己一条心，自然就更加愿意支持配合。

三是定家长"能聚焦"的目标。

有时候，教师与家长沟通时把合作要求提得很具体，也确实能够以平等的姿态进行交流，但合作效果依然不理想，到底是哪里出了问题呢？

细细回观，便会发现症结有二。其一，有的老师会这样提要求：孩子升入小学了，我们要培养良好的学习习惯，让他们喜欢阅读，能够自己整理学习用品，主动帮助父母做家务……这种提法，目标清晰，且与孩子的成长息息相关，但由于一次性提出的目标太多，家长往往不知道该从何处入手。因此，智慧的老师要有清晰的阶段规划。比如新入学的小学生，先要培养的是良好的倾听习惯和专注能力，在此基础上，再去引导孩子扩大阅读面、拓宽兴趣面。

其二，也有的老师把目标规划得过于长远，比如开学第一天就把这一学年的目标都亮了出来，如此，家长很容易带着满腔热情起了步，却因为看不到"终点"而中途懈怠。家校合作中，最理想的目标呈现方式应该是分阶段、小步走，比如"周目标"甚至是"日目标"，这种目标容易实现，也容易看得见效果。

"守界"——守得住界线才是良好合作的开端

教师与家长合作时，有的界线一定要主动跨越。如用先进的教育理念影响家长、以科学的教育方法指导家庭教育，当亲子关系出现问题时，教师必须以"跨界"的姿态主动伸出援手。

但有时，比主动"跨界"、积极援助更难的是对那条必须把持住的"底线"的坚守。曾经接触过这样一个教育案例：班主任大清早便注意到前排一个男生的情绪出现了严重的问题，几经追问才知道，孩子的父母正在闹离婚，当天早上大吵了一架，不谙世事的孩子受到了不小的惊吓。出于对学生的爱和呵护，班主任拨通了孩子母亲的电话，把孩子的情绪受到了影响这一情况进行了反馈。起初，孩子母亲对班主任感激连连；可待班主任劝孩子母亲"大人离婚得心平气和商量着来"时，家长瞬间便翻了脸，从此拉黑了班主任。

"我图啥呀，不都是为了她的孩子好吗？"这位班主任向我倾诉时，两眼泪花，满腹委屈。然而她不知道的是，因为没有守好界，她才把家长推到了比陌生人更加疏离的境地。"我们可以对孩子的情绪进行安抚、疏导，可以把孩子的异常行为及时反馈给家长，这是一个师者在面对'家庭问题影响了孩子成长'时可以去做的；但家长如何处理家务事、夫妻该以什么样的方式离婚，绝对是我们不可以碰触的底线！"这是我送给那位班主任的管理箴言，也是所有老师在家校合作中必须坚守的界线。毕竟，明晰的界线意识是良好合作的开端，是和谐发力的中轴线。

学校教育也好，家庭教育也罢，都是孩子成长中不可或缺的；而这二者的合作绝不是简单的叠加，是有界有度的。我们教育工作者只有适当"越界"，才能更好地提升育人效度，也只有严谨"守界"，才能更好地掌控合作尺度。教师要当好那个掌控航向的"神奇舵手"。

巧用心理效应叩开家访之门

班主任若能巧妙地运用心理效应，拉近与学生、家长间的距离，那么就可以轻松地叩开家访之门。

提高出镜率——单纯曝光效应

俗话说：一回生，两回熟，三回四回是朋友。没有出镜率，便没有回头率。班主任可以借助单纯曝光效应的力量，赢得学生的信赖和家长的信任。

新上任的班主任如果想给学生留下不错的印象，增加学生对自己的喜爱程度，经常出现在他们面前是一个简单有效的方法。比如，早自习多一些叮咛、巡视，课后与学生多一些贴心的交流，携一颗童心多参与孩子们的活动。

同样，班主任若想让家长喜欢自己，配合自己的工作，就要尽力让家长了解自己，熟悉自己。班主任可以合理利用单纯曝光效应，增进与家长的友谊。刚接手一个班级时，可以先召开一次家长会，让家长对自己以及自己的工作理念、方法有初步的认识和了解；放学时，可以和接孩子的家长寒暄几句；利用电话、微信、班级工作群等方式与家长交流……

利用单纯曝光效应，班主任可以有效拉近与学生、家长间的距离，增强自己的吸引力。适当的曝光有助于孩子接纳、认可，家长熟悉、了解，那把用智慧和耐心铸就的钥匙便可以慢慢开启紧闭的心门。当然，曝光也要防止过犹不及。

得寸才能进尺——登门槛效应

有这样一个故事——沙漠里，月黑风高夜，骆驼见主人在帐篷里睡觉，也想入内，便对主人说："主人，外面好冷，可不可以让我的一只脚伸进帐篷取暖？"主人答应了。过了一会儿，骆驼说："主人，一只脚在外面，一只脚在里面，温差大，恐怕会感冒。可不可以让我另一只脚也进去？"主人又答应了。就这样，骆驼的整个身子进了帐篷。

这种得寸进尺的做法，被称为"登门槛效应"。这一效应，对于班主任开展工作也有一定的参考和借鉴作用。如，为学生制定发展目标时，先提出小要求，当学生达到这个小要求后，再鼓励其朝更高的目标努力。又如，在与家长的互动中，先肯定家长在孩子教育中的成功做法，然后针对不同孩子的发展状况，提出小建议，争取家长配合，并将孩子的进步及时反馈给家长，让家长稍微"跳一跳"就能品味到"摘到果子"的喜悦。在不断尝试与收获的过程中，家长自然对老师更加信任与亲近。

有了孩子的喜爱与信赖，有了家长的信任与亲近，家访之门自然向我们敞开。

抛金引玉心换心——表露互惠原则

互惠原则是人际交往中非常重要的一个原则，即受人恩惠就要回报，主要表现为生活中，人们经常会以相同的方式回报他人为自己所付出的一切。

心理学研究发现，在人际交往中，表露也具有互惠性。你对他人的自我表露将导致他人对你的自我表露，进而让双方更积极地互动。

当家长出于不明原因，对班主任采取回避态度时，班主任不妨恰当地自我表露，从而诱发家长自我表露。比如走进威的家时，我发现他妈妈对很多家庭状况避而不谈，似有难言之隐。我没有急于追问，而是和她聊起了自己的"育儿经"，感叹孩子的顽劣、家长教育之难。不经意间，她逐渐向我吐露了心事：因为离异，她一人抚养孩子，有点力不从心。一段自我表露让家长开启了话匣子，我也因此对孩子及其成长环境有了更深入的了解，为逐步解决孩子的行为问题打下了基础。

共生共育，变教育围观为全员参与

有一个问题需要身为教育人的我们思考：为什么走至今日，会出现教师焦虑、家长不满、人人都可对教育指手画脚、为教育弊病叹息的局面？

或许可以借用一句歌词来解释，那就是"白天不懂夜的黑"——家长充满期待地站在校园围墙外，关注着教育却又总感觉其发展朝向与自己内心期许有差距；社会大众胸怀热情地驻足圈外，遥望着教育却又因其与自己内心设想的教育模式有差别而慨叹。于是，原本和谐的育人成长净土，便时不时地有了摩擦碰撞之音。

教育发展的本质是什么？是教师拉着拽着孩子追求成长，家长和社会都来观阵鞭策吗？是少数群体牵着引着教育之舟不断前行，多数人评头论足来打消热情和激情吗？理想的教育显然不是以这种样态来呈现的。我一直认为，唯有将尽可能多的围观者变为教育的参与者，以共生同长的姿态来观照教育生命的发展脚步，才能够改善生态，形成合力，驱动教育航船向美好的那方前行。

向家长抛枝，凝聚共生能量

参与过拔河比赛的人多会有这样的体验：参赛时凝神聚气，所有的专注和力量都聚焦到发力上。那些有闲情、有精力指挥吆喝的，无一例外都是观众，都是局外人。要打破家长和教师间的壁垒隔膜，最有效的办法就是请家长"入局"，让他们感受到自己的能为与有为，并在这种作为之中与教育共同生长。

一是使家长成为学习的陪伴者。

陪伴才能对孩子有深入的了解，才能对学习有深度的体验，也才会对教育有设身处地的理解。而当下，关注过度、陪伴缺失却成了大多数家长的惯常状态。

2019 年初，当意识到很多家长都在鼓励孩子参与"雪梅读写团队"的书香假期活动时，我意识到这是一个不可多得的契机，于是向家长们发出了这样的邀约：用"伴读"陪孩子过有意义的假期生活。在这样的活动中，教师和家长携起了手，共做孩子阅读路上的陪伴者。

"现在阅读理解能力这么重要，我家孩子一说读书就提不起劲来，这可怎么办？""读书的过程中，孩子很难做到专注，真愁人！"就很多家长反馈的问题，我专门做了一次成长讲座，让家长意识到问题所在——家长看电视玩手机却要求孩子静心阅读，那样的约束和要求自然缺乏效力；家长如果自己能沉潜书中，孩子自然也就有了榜样。

通过"伴读"活动，我把家长拉到了教育的共生圈。在这个圈内，教师和家长因沟通合作而拉近了心灵距离，学生和家长因相伴相陪而感受到了蜕变生发的美好。家长的角色也发生了彻头彻尾的变化，由旁观者变成了教育参与者和成长陪伴者，在走进和融入中，家校间相伴相携的合力正悄然生发。

二是让家长变为成长的引领者。

家长的陪伴之于孩子的成长而言，只是一种浅层次的教育参与。如果能进一步为家长赋权增能，邀他们走入育人的深水区，教育合力的共生之势才能更加繁盛。

基于这样的思考，我努力从家长身上搜寻亮点，并为他们量身打造专属课堂，既丰富了学校育人和班级活动形式，也把家长变成了我的助力者和学生成长的引领者。

有的家长擅长手工编织，我将他聘为学生综合实践课的校外导师，定期走进校园做现场指导；有的家长几十年如一日坚持阅读，我邀请他就读书经验或某一本书的感悟做分享，并由他牵头成立了班级家庭阅读群；有的家长在岗位上取得了一定成就，我请他走进教室讲述自己工作的经历和成绩，予孩子们最接地气的生命成长启迪……

在参与引领的过程中，家长走入了教育深处，对学校和教师的工作多了些了解与理解，共生共长、共研共育的理想之局因此而悄然成形。

向社会借力，打造共育氛围

当静下心来审视时，我们不得不承认：教育的行进有时候是和社会大环境脱节的。校园围墙内的人只关注知识的灌输和接收，不谙社会时事；而墙外的人又不能入内，常以一颗揣测之心和主观评判来指指点点。作为教育人，我们有义务也有必要发力借力，在这二者之间搭起一座合作共育之桥。

首先，把活动现场迁入社会的大台。

校园义卖场、班级劳动竞赛、礼仪比赛……为了学生成长，我们绞尽脑汁在学校那一亩三分地里创设情境，进行各种社会场景的模拟演练。但再逼真的现场也抵不过真实的社会融入活动。因此，教师要做一个善于发现契机并能借机行事的智者。

我所在的学校有校办工厂，每天都有不同的车辆进进出出，每一辆进入的车都必须在传达室内登记备案，这不正是让孩子学习交际、服务他人的良机吗？于是，我找了学生可以自由活动的时间，分组安排他们到传达室值班。看似小小的值班岗，孩子们却要学会操控电动门的开和关，礼貌接待客人，指导客人登记车牌号、身份证号、电话等信息，疫情防控期间还要测量体温、查验健康码……这种置身社会实践场的体验，让孩子在切身参与中充分感知到了自己的"能"，也让那些与孩子们接触的社会人感受到了教育的"有为"。

园林工人在校门口草坪清理杂草时，把孩子们派出去帮忙；外出活动时，鼓励孩子们乘坐公交、自主购物、做志愿服务……对学生的每一次放飞，也意味着让社会进一步了解教育中的人，了解自己能给予教育的支持和帮助。

其次，把社会精彩融进成长的小圈。

和社会脱节的教育，永远无法培育出完整的人；被社会隔雾看花的教育，也永远脱离不了被指责非议的境地。育人者，唯有自己能清醒地意识到问题，才可能破解迷局，变育人的孤立为教育和社会的共生。

现实中，要把教育的场域扩展到社会大舞台，还是困难重重的。因此，我们不妨转换角度，努力把社会精彩的点和面融进教育成长的小圈子。

2020 年春节期间爆发的新冠肺炎疫情，牵动着无数人的心，在那个节点上，年逾八十的钟南山院士无疑成了全民英雄。这是社会的热点，也是众所瞩目的焦点，于是，我带着孩子们查钟老的生平，搜集他生活中令人感动钦佩的点点滴滴，然后开展交流探讨，并鼓励孩子们在社区公益活动中进行专题分享。这样的活动让市民眼前一亮，大家纷纷为学校、老师对孩子到位的教育点赞。

此外，我还引领孩子们关注荣成市赴武汉抗疫一线的护士黄婷，让学生意识到：或许身边的每个人看起来都渺小平凡，但把平凡的工作坚持做好，做到极致，关键时刻能有所担当，这就是最有价值的人生。学生们被黄护士所感染、感动，有的写下了一封封书信，有的通过网络不停地送上祝福，有的在朋友圈里留下了赞颂的一笔……呈现在社会大众面前的孩子是积极阳光的，社会人也乐得为这样的成长提供更多资源和鼓励。

成全教育，成就成长，归根结底需要教师主导，聚多方之力以共生共赢的姿态改变当下教育的胶着模式，携手营造一片利于发展的晴空。这样的成全与成就，需要心的助力，更需要智慧的嫁接……

在原生家庭的底版上洞察成长之惑

没少听老师们发出这样的慨叹：现在的孩子成长的问题越来越多样繁杂了，教师对问题也显得越发束手无策了。身负教书育人职责的自己到底该何去何从呢？

作为一名班主任，我研究孩子，观照成长，也关注生命源起和成长中起决定作用的那关键一站——家庭。当反复在原生家庭的底版上追寻、探究后，才发现生命成长中的许多疑难杂症，病根多在以"爱"为名的家庭生态和父母的行为上，而我们所面对的学生只不过是问题呈现的一个载体。

镜子是否有光

"父母就是孩子的镜子！"在《为何家会伤人》一书中，武志红老师提出了这样的观点。确实，作为孩子人生中的第一位导师，也是陪伴时间最为长久的导师，父母的一言一行、一举一动会渗透到孩子成长的每时每刻。作为家长，必须深思，在孩子一步步成长的过程中，我们给了孩子什么样的镜子？在那面镜子中，他又将照见一个怎样的成长轨迹？

这一年，我常常被楼上新邻居家的争吵扰得不得安生。细细辨别，有父母粗暴狂躁的斥骂殴打，有孩子歇斯底里的吼叫还击，还有争斗中撞击墙面、打破东西的震耳之声。慢慢地，竟从这嘈杂中辨出了几分缘由：孩子网游成瘾，老师每天反馈来的都是作业不能完成、课堂上睡觉之类的信息，父母的说教打骂带不来丝毫改变……

每次在楼梯碰见那个看起来文静有礼的五年级男生，我都暗自发问：好好的一个孩子，怎么就能对生养他的父母骂出那么粗鄙的话来，怎么就变得让老师头疼、家长无策呢？于是，对孩子便多了些审视打量，对家长的无助便多了些同情不忍。

我的疑惑终于在某个深夜有了线索。晚上十点多，正准备入睡，楼上传来了孩子父亲扯着嗓子嘶吼的歌声。时值夏天，家家都开窗户取凉，那鬼哭狼嚎般的声音便愈发清晰可闻。"一个面对自己时随心所欲，面对公众时无所顾忌的父亲，又能给孩子带来什么样的影响呢？"我感慨着。

一户邻居不堪这静夜里的搅扰，喊了一声："楼上的，明天孩子们还得上学呢，大半夜的让不让人睡了！"没想到孩子父亲脱口骂了三个脏字，还振振有词："你睡不睡关我什么事！……"

其实，孩子是看着父母的背影长大的。每个生命个体的成长，都离不开家庭环境强有力的支撑。如果家庭、父母给予孩子的非一方净土，又何来周正的成长一说呢？所以楼上那个孩子最大的悲凉，是迷茫的他照镜，但镜面上却布满了水渍和斑驳；那个家长最典型的问题，是把粗野无趣当作了强势的象征，而忘了时时擦拭自己立身的这面镜子，忘了孩子时时刻刻都在照着这面镜子生活。

原生家庭是根、是源，父母的精神品质是光、是亮，只有根源的土壤醇厚、水质清澈，才能滋养成长；只有光亮之处温和煦暖、明媚宜人，才能映照前路。为了孩子，为了成长，为人父母者，一定得让孩子所照的镜子光洁、明亮。

生命的成长是否经历过风雨

有的时候我们常常疑惑满腹：为什么知书达理的家庭会养出胡搅蛮缠的孩子？为什么热情开朗的父母会育出闭塞孤僻的孩子？为什么爱的庭院里总会有孱弱娇柔的苗木战栗？直到我遇见了军和他的母亲。初识时，孩子的敏感、骄纵没少令我头疼。更重要的是，那位言谈举止得体大方的母亲为这样的一个孩子操碎了心，总是在繁忙的工作之余向我咨询教育之道。

后来在一次文艺演出中再度相逢时，我还窃喜了好久：没准我传授给妈妈的沟通方式起了作用，要不这个向来总和大人对着干的孩子怎么会痛快地登台亮相呢？对他的演出，我格外期待。

可眼看着整台联欢会临近尾声，我的"期待"依然不见踪影。正用目光搜寻时，我碰见了军的邻居："军不是有表演吗，怎么还没到呢？""你不知道吗？眼看要上场了，他却中暑了。他妈妈也是，六月天了还给他穿着秋衣秋裤。"邻居的话语中带着几丝愤然，"哪有这样爱孩子的！"

中暑？虽然已是六月天，但沿海的夏天并没有那么酷热，偌大的礼堂内更是空调、吊扇齐上阵，不会让人有丝毫热感，何至于此？从邻居的口中，我才知道了这位非常关注育儿之道的母亲的另一面：小学时托关系找到班主任，要求给自己的孩子喂饭；初中时还不放心孩子一个人到院子里去玩；三伏天脚踝也不准露在外面，用她的话说"重要的关节可见不得风"。除了这种密不透风式的关爱，她最关注的就是哪个班学习效率高，哪个地方补课效果不错……

诚然，每一位母亲都恨不得将所有的爱倾洒在孩子身上。但这种爱，若失了度，过了头，就如同没有丝毫缝隙的温室大棚，会把鲜活的生命憋蔫焐坏。我不能想象一个如此聪明机灵的孩子，居然需要老师喂饭；也不敢想象因为怕和别人一起游戏发生冲突，孩子就得被关在家中"护"起来；更不忍想象，已然变成小男子汉的初中生，被妈妈拿着饭碗追着"张嘴，吃一口"，被强行塞在狭小的天地里"会见"各种不同的补习老师，被妈妈自以为是的各种冷、饿、累、不安全浓浓地裹挟着……而孩子痛苦的呐喊声，却被这种过于强烈的爱深深淹没了。

身体中暑了，可以休息，可以补水，可以就医。但若是心灵中暑了呢？我真的不敢想象。但有一点我可以肯定：每个人自立、自主、自在的人格和思维都是在童年期长成的。一个不曾经历风雨的生命，就不可能健康茁壮地成长。

心灵的花园是否被精心地耕种

以现在社会的发展程度来说，物质的需求容易满足，精神上的缺失容易被忽视。

最初关注到林，是因为在儿子所在的美术班里他实在是个"另类"——好动,不停地干扰别人,没有一节课能完成任务,老师们甚至动了劝退的念头……正在研究心理学的我,深知若不能找寻到这些行为产生的根源,是无法彻底解决问题的。我慢慢靠近这颗稚弱的心灵,一点点理顺思绪:孩子多动只是想引起别人的注意,是内心孤单的一种表现,因为他每次都是去碰碰别人或找人对话;导致孤独的原因是爱的缺失——父母离异,单身的母亲忙于工作几乎无暇顾及孩子……

后来我尝试着用心去温暖他。当从林口中知道,"妈妈是因为听老师说自己很有绘画天赋",才将其送来美术班时,我便尽可能从林未完成的绘画作品中找出亮点予以肯定,告诉孩子我为他未完成的作品而感到遗憾,若能珍惜上课的时间,肯定会有一幅很完美的作品呈现;当意识到孩子因为我低头看书而忽视了他的认真投入而变得心不在焉时,我会立马放下书,给他一抹关注的微笑;当孩子克制不住自己又跑去干扰他人时,我会收起那份友善,用严肃的表情示意对于这种行为的不满……

当然,在每个特别的日子里,我也会精心备上一份小礼物让孩子知道我对他的在乎,比如我会亲手制作"加油"小书签,精心挑选孩子感兴趣的书并附上赠言,外出游玩时淘得"你最棒"的小印章送给他……在这份"别有用心"的关注下,林的自控力变强了,慢慢地每节课都能完成当堂的习作,老师对他的肯定也越来越多了。

林的案例让我常常会有这样的思考:人的心灵犹如一座庭园,有人对其精心耕耘,也有人任其荒芜。为人父母者,如果不曾在孩子心灵的庭园里种下美丽的花草,那么这里很快就会杂草丛生,满目萧疏。

　　孩子们的生命发育进程中，难免有让人觉得无法解开的结，这些结的一头连着身心成长，另一头连着原生家庭。面对成长中的棘手问题，为人师者如果费尽心力依然无法破解，那么不妨换个角度，去看看原生家庭的底版上到底刻了什么样的影像吧！

和风煦暖的另一面……

"我敢说，强的妈妈是我担任班主任以来碰到的最通情达理的家长。而强，是一个让妈妈操碎了心也让我伤透了脑筋的孩子！"

班级管理日志上，我洋洋洒洒地写下这段话时，仿佛看到那个顽劣执拗的强折腾得妈妈满头大汗，正穿过马路别别扭扭地向学校走来。

一年前，强从外地转到了我的班级。"老师，我家孩子虽然手脚不灵便，骨子里可野着呢，不但爱打架，还有自虐倾向，您多担待些。要是他不听话，您该打打该骂骂。我真是觉得孩子越有缺陷，越不能放松对他的要求，不然父母离开了，他也就没法存活了。"把我拉到门外，强的妈妈掏心掏肺说了这番话。从谈话中我也了解到，强的爸爸几年前在一次意外事故中丧生，妈妈带着他独自生活了好几年。"别人给我介绍过很多对象，我就一个条件，得能接受我这个残疾的儿子。现在这个爸爸对他挺好，我们又给他生了个弟弟。内心里，我更疼强，因为心疼，才不能放任不管。我不懂教育，怎样做对他最好老师您尽管说，我一定努力。"在特殊教育学校，这么明事理的家长并不多见。很多父母要么出于补偿心理过度溺爱孩子，要么就因孩子体弱智残不管不顾，恨不得永远扔给学校。

可强的妈妈真不一样，人家既不惯着孩子，也不弃之不管。原则性的问题，比如不想上学、不愿参加康复训练，她虽然不会打骂，但也从不对孩子妥协，总是耐心有度地坚持让强去做；她也时常在送强时带些零食、干净衣物给其他家庭困难的孩子；每次走进教室，不论老师在忙什么，只要她能做的，准会搭上一把手，"老师们为这些孩子操碎了心，我这当家长的看了都感动，能帮上点忙我这心里才舒坦……"她总这样过意不去地说。

"如果每个家长都能像强的妈妈这样，再顽劣的孩子交给我也不怕！"同事们纷纷感慨。可我还是怕，怕强那副仇视所有人的情绪指不定什么时候爆发惹出事端，怕自己教育不好孩子辜负了这么阳光热心的家长。

为了强，我研读了大量教育学、心理学专业书籍，尝试把不同的心理疗法用到强的情绪转化中，却没什么效果；我也联系家长多次登门家访，希望能通过面对面的交流，打开孩子的心结，可每次强的妈妈都是虚心请教，频频点头，强却爱答不理，闷不作声，我只能无功而返。问题出在哪里？要如何解决？我实在没什么头绪，也开始相信：总有些孩子教育不好。

在强无数次因为一句话、一个眼神和一次游戏而对同学大打出手后，我的耐心终于耗尽："你这个孩子，都十四五岁了，也该懂事了！你在学校里天天这个样子惹事，对得起你妈妈吗？她那么爱你，风里来雨里去的，又得照顾弟弟又得为你操心……"我的话还没吼完，就见强"啊"的一声捂住了耳朵，"她是个骗子，她只疼我弟弟，你自己看呀!"强捋起衣袖,指着胳膊上那青一块紫一块的伤痕,"你看呀!"然后趴在桌子上呜呜大哭,再也不肯抬起头来。

我有种说不出的讶异:什么是真?什么是假?一年多来,那个眼里有光、心底有爱的母亲是真是假?眼前这个恸哭不已、苦大仇深的孩子是真是假?……前所未有的困惑将我深深包裹。

最后一次踏进强家是在一个深秋,没有预约,没有准备,只因那个周末我的眼前总晃着强伤痕累累的胳膊和失声哭泣的样子,遂临时起意想去看看。

还没到强的家门口,强那暴怒的吼声、哭声已率先入耳。门口几个年长的邻居坐在街边叹息着:"这个小媳妇,不是一般的凶,残疾又不是孩子的错,这可是她自己身上掉下的肉,怎么舍得……"话还没说完,就听见一个恶狠狠的女声传来:"和你那个死鬼爸爸一样一样的,都是废物,看我不揍死你!"接着,又是一阵更惨烈的哭声。

我的突然出现显然太不合时宜,强的妈妈尴尬了几秒钟,很快振振有词:"老师,你说说这么大个孩子,动手打两岁的小孩,那还是他弟弟,我今天被他气死了!""你都不让我进屋,我怎么能打着他?"强又哭又吼。"你还狡辩,看我不揍……"看到我护住了强,那个平时如和风一般的女人冷眼指着门外:"就算你是老师也不能干预我的家务事,不送!"……

"你是老师呀,这个孩子真可怜,在学校还能享点福!""刚嫁到村里时,大伙儿都夸这个小媳妇是个好性子,没几天就让人大跌眼镜。""本来就嫌大儿子是个残废是个累赘,有了小的后更是天天打骂,一看她把孩子接回家我们就知道,可怜的孩子又有罪受了……"那声声议论,似一把锋利的刀,一点一点刮开了残酷的真相。

那也是我和强的最后一次见面。往他家里打过几次电话，要么无人接听，要么被反复接起直接挂掉。"强去东北他姥姥那儿上学了，别再骚扰我们，要不我去告你！"最后那次，一个男人接了电话，恶狠狠地警告我。

武志红老师在一次讲座中说过，孩子就是家里的一面镜子，会把家里存在的所有问题都映照在上面。遗憾的是，那时的自己竟然疏忽了家庭这个成长的源头。其实，面对成长中那一个个鲜活的生命个体，自己仅有双明亮的眼睛是远远不够的，更需要有颗善于洞察的心。和风煦暖的另一面未必就风平浪静，也可能暗流正汹涌，就像那个一直面带笑容的妈妈，就像那个身心早已满是伤痕的强……

家路，心路……

　　有一条路，始于学校，通往孩子的家。穿过这条路，叩开一扇门，教育中便多了份沟通的温情，多了些体察的煦暖。

　　特殊教育中，也有这样一条路。我渴望沿着这条路，走进一个个伤痕或深或浅的家庭，了解一个个生命背后或浓或淡的故事，让自己的教育多一份体恤之暖、多一份洞察之明，少一些僵硬冰冷、少一些盲目仓促。

　　只是，这条路我一直走得一波三折。一听"家访"二字，家长要么面露难色，迟疑犹豫，要么果断拒绝，干脆直接。孩子是有缺陷的，这份缺憾是一辈子挥之不去的痛；家庭是带伤的，没有人愿意揭开伤疤被别人赤裸裸地审视。每份看似不通情理的闪躲和拒绝背后，都有着不能言说的苦与痛。所以，关于登门之事，我从不强求。

　　一个孩子，缺课了很久。每每电话问询，母亲都冷冷地应道："病了，好了再上学！"挂掉电话，很多记挂涌上心头：离校前一刻还活蹦乱跳，怎么突然病了呢？怎么会病这么多天呢？为什么每次追问什么病时家长都会欲言又止急急地挂掉电话呢？还记得课间陪孩子们聊天时，这个小家伙总会缠着我："老师，希望一直都没有假期，学校里还有你和同学陪我玩！""爸爸妈妈从不带你出去玩吗？"我警觉地追问。孩子摇头："爸爸总不在家，妈妈从不出门。"他讪讪地答道，很快又捂住了嘴，不再多言。

孩子的母亲一直是我心头谜一般的存在。她不像其他母亲那样追着老师询长问短，总是匆匆地送来孩子，见了我远远地绕路走开；匆匆地带走孩子，哪怕我的招呼声已脱口而出，也不肯驻足。更令人费解的是，无论冬夏，一顶宽沿的帽子，一只大大的口罩，将整张脸遮了个严严实实。近一年交往下来，她拒绝班级一切活动，躲避同我的任何交流。

蹊跷的"生病"，让我分外惦记那个渴望校园的孩子，也让我贸然走进了那个家庭，以探病之名。

狭小的屋子，窗帘拉得严密无缝，清晨一室的阳光便被隔绝到了房间之外，我的心一下子沉闷而压抑起来。孩子看见我，带着掩不住的兴奋冲上来："老师来了，妈，有礼物了！"盯着孩子左瞧右看，没有发现"病"的影子，摸摸小脸，我长舒一口气。可紧接着，我又倍感尴尬，母亲对我的到来明显带有几分排斥，点了个头后再不肯应我的任何一句话。好在孩子一直缠着我各种追问，稍稍消减了我的无所适从。

"唉，也许你是真心对他们好的，也难怪儿子每天都念叨想杨老师。"沉默良久的母亲终于主动开了口，带着叹息，夹着感伤。"你不知道咱孩子有多乖巧吧，在学校里他可是我的小帮手，每个任课老师都说孩子品质好，又听话。"

我小心地察言观色，接上母亲的话，努力探寻着共同的话题。我发现随着自己对孩子学校生活点滴的描述，母亲眼里不时有光闪现，尽管那抹光转瞬即逝。

"是不是我这个人很难接近？之前好多次想和你聊聊宝贝，你都比较匆忙！"见自己这次没有那么被排斥，我诚恳地求解。母亲忙不迭地摇头，然后在时断时续的描述中开始了一段回忆——

孩子之前是在邻近县城的一所学校就读。在那里，母子碰到了一位年轻热情而又充满爱心的老师，很长一段时间，她为那种遇见而庆幸不已。有一次，开学送孩子返校，小家伙碰见老师热情地送上了拥抱，老师也热情地回应了孩子。可当她想起忘交生活费返回校园时，在教室门口却听到了这样的对话："刚开学就脏兮兮的，还一个劲儿往身上蹭，他妈妈还高兴得不行，真拿自己孩子当宝了，觉得谁都喜欢。"而另一个老师似在帮同伴出气，呵斥着孩子："再别去抱老师，听到没有，看你那两筒鼻涕！扯老师衣服也不对！"看到自己的孩子嗫嚅着说不出话，母亲在羞愧中仓促转身，落荒而逃。从那以后，不论走到哪儿，她都感觉别人在用异样的眼光打量孩子，嘲笑自己。

后来，母亲带孩子转到了现在的学校。逃开了那个令她压抑的环境，却逃不开笼住心头的阴霾，仿佛每个人都是一面带着善意的笑作秀，一面又回转身去对着孩子的不健全指指点点。于是，她拼命包裹、封闭自己，也圈养着孩子。"最近，心理压力越来越大，怕孩子的异样会令别人过多关注，也怕别人的关注伤害孩子，我便害怕出门、害怕被任何人看见了，虽然我也知道这样不对。这些经历从来没对任何人提起，没想到说出来，心里好像舒服了一点！"

曾经，我一直以为，尊重家长意愿，不惊扰别人有伤的生活是一种善意的呵护。可此刻，我却又有些庆幸，庆幸自己用稍显唐突的方式敲开了这扇家访之门，聆听到了一位母亲心底最无助的声音。一份感同身受的倾听、一段静默无言的陪伴，应该比向善的疏离、比不惊扰的尊重更能抚慰印下伤痕的心吧！

学校和家庭之间有条路，通联起来，或许便会有爱而无碍；老师与家长之间有条路，用心沟通，或许再闭塞的心门都有打开的希望；师生之间也有条路，畅通或阻塞，或许就在老师一举一动的细枝末节间。

走到窗前，扯了扯窗帘，几抹阳光倾洒入室。"你看，紧闭窗户，屋子里便只有昏暗，若你愿意打开它，哪怕仅是一条缝隙，阳光也会照亮世界。"就着一室明媚，我与这位母亲轻声交流着，心里开始有更多暖暖的情愫在涌动：通往特殊孩子家庭的路，就是一条心路。我想，这条路上的行走，才刚刚开始！

营养缺失，还需从根源之处进补

　　"即便你有十八般武艺，可能也难以玩转一个班级！""现在孩子身上惯见的拖沓懒散、虚荣撒谎、消极畏缩等看起来似乎不值得大惊小怪的问题，却无异于成长中的疑难杂症，硬性管教无效，软性诊疗亦不见好转。班主任老师到底上哪里才能寻到那'通天'般的化解之法呢？"……一次班主任工作交流会现场，谈到学生的管理与转化问题时，许多老师两手一摊，深感自己的百般尝试与万分辛劳都在许多孩子身上发不了力。

　　确实，学校里多样教育活动的开展，班主任老师在孩子身上多种教育手段的尝试，看似都瞄准了问题，却总也解除不了那个难以对付的问题魔咒。于是，面对成长，老师在拼命地追加营养，但反馈在学生身上却是营养如此匮乏不均。

　　奥地利著名的心理学家、个体心理学创始人阿尔弗雷德·阿德勒有这样一种观点：从积极意义上来说，学校对于学生成长中的问题负有教育和校正的任务；但从消极意义上来说，学校只是早期家庭教育弊端暴露的场所而已。这一观点给予了我们"唯有关注成长源头，才能找寻到症状之根"的启示。因此，智慧的班主任是需要以好奇之心、探寻之眼甚至过界之手到孩子生长的原生家庭之中去为各种外显性的问题追根溯源，进而加肥施养的。

错爱成碍——别剥夺孩子表达的权利

昊是因被诊断为自闭症才走进我的班级的。"杨老师，我家孩子……孩子他表达能力特别差，这种情况也没法和别人打交道，请您……请您用自己的特殊教育专业知识帮帮他，还有我拜托您一定要多多关照下！"昊的母亲哽咽着把他交到我的手里，又在家人的劝说拉拽中哭哭啼啼地离开了学校，留下一个大眼睛灵动地骨碌碌直转、我冲他笑他亦冲着我笑的十岁男孩。

多年的特殊教育教学经验告诉我：这极有可能是一个被误诊为自闭症的孩子。用孩子母亲的理解以及某个只擅长根据描述下定论的医生的话来说，"从来都不喜欢和别人说话，就是偶尔说了也词不达意，这不是典型的孤独症吗？"显然，他们是将孩子外显的行为与自闭症的特征进行了简单匹配，就想当然地贴上了标签的。

"昊，下课了，要不要上厕所？"这类提问，他会用摇头或点头回应。随着与我、与班上同学的进一步熟识，他开始尝试着表达："老师，你明天妈妈接我吗？"他想说的是，"我妈妈明天来接我吗？""跑不听话，就倒了。"这是他来告状某个人不听话乱跑摔着了……而且这样的主动开口机会越来越多，大有一发言便收不住的感觉。

我一面积极地为孩子纠正着表述方式的错误，并欣喜于他的进步；另一面，我也在努力找寻导致孩子语言失衡的缘由。

"妈，我的……""你的包是吧，知道知道，我来拿。""回家能不能……""能能能，你想去姥姥家是吧！"昊妈来接孩子的几次对话，就让我捕捉到了昊言语能力低下的源头——这个对孩子饱含无限疼爱之情的母亲一直都在剥夺孩子表达的权利。过分宠孩子，爱孩子，当孩子有所需求时，常常是还未张口，善解人意的母亲就已为他备好一切。当一个孩子感觉不到说话的必要，也完全没有表达的机会时，他的言语表达自然就失了衡。

后来，我给了孩子母亲一些建议：等孩子把每一句话说完，让孩子自己提要求。当表达的权利回归到了孩子身上，家长头疼的沟通问题和"自闭"标签自然而然就不存在了，孩子很快就回到了普通学校的主流教育中。

爱，还是碍，有时就在一毫一厘之间。错误的爱，失度的爱，溢出了界限的爱，往往都会转变为成长的"碍"，就像昊的母亲自己不曾意识到的语言替代一样，那分明是一种变相的束缚与剥夺。

代劳失劳——把动手的机会还给成长

很多任课老师都因为强的问题来找过我，原因很简单，一个十四五岁的大男生，上课铃都响过十几分钟了，他自己的学习用品还没有从书包里全部拿出来，户外活动时鞋带开了就任它开着丝毫没有重新系一下的意识，早晨床铺整理他似乎是永远也收拾不完的那一个……

起初，老师们要么以"快点，快点"之类的话语喊着催着，要么变着法地鼓励赞扬，要么就是面对面手把手地耐心指导，但无论哪种方式都丝毫没有效果，人家软硬不吃不说，逼急了还索性两手一甩彻底地撂起了挑子。多番尝试实在无计可施后，我这个可怜的班主任耳朵里便每天塞满了告状和抱怨声："他在你面前表现就好一点，你的教育有力度就得好生管管。"

确实，强的拖拉懒散在我面前会好一点，但也仅限于"一点"，那并非意味着我有多么神奇的管教转化之法，而是着实无计可施后我的强势凶悍起了一丁点作用。但是很明显，那种严厉治了标却治不了本。

当我把关注的目光转投到家庭环境和家长的养育方式上去后，这个孩子的问题之解自然就清晰地浮现了。闲聊中，强的父母总把"这个他不行""那个他干不了""他还是个孩子，长大了就会了"之类的话挂在嘴边。可想而知，这样的话被孩子接收到后会产生什么样的后果："我可以什么都不做，父母会帮我解决""我什么都做不好，我没那个能力"……

阿德勒在《儿童的人格教育》一书中明确地指出：一个拖沓的孩子背后总有一个帮他整理收拾的人。从强的成长来看，他的问题根源在于事事代劳的父母，以及无时不在的言语上的偏颇引领和暗示。孩子的成长之根出了问题，身为老师的我们在枝叶上施肥加力自然就无果。

把家长短视的目光拉长拉远，把父母失度的教育观念纠正转化……作为班主任，我着眼根部的努力确实不能够快速见效，但我相信，那是唯一之法。

强硬致谎——莫在粗暴中弄丢了真实

"我爸刚买了一辆新轿车，比你家的大呢！""我妈妈过六一给我买的粉色仙女裙可漂亮了……"昕的这种话时不时地传来时，老师们都会会心一笑——说谎话像吃饭睡觉那般寻常。昕及其家人一直拒绝老师登门家访，我们并不了解她的家境，但从他们的衣着打扮来看，她的家庭应该是少见的贫困。

关于昕虚荣、爱撒谎的论断绝非随意而定，其家长时不时地就会反馈一些信息，比如把试卷上的分数变着法地抬高，比如以送老师、同学礼物为名向家长索要零花钱，比如虚构出来的班主任的赞扬和任课老师的肯定，等等。

在家长一次次地恳请我"帮帮孩子改掉她的毛病"时，我隐约感觉到父亲可能就是那个"致谎元凶"。少有的几次碰面，他不是指责昕一无是处，就是用简单粗暴的话制止昕的要求。为了探寻验证，我和孩子、孩子母亲以聊天的方式多次进行过交流，并获取了一些足以印证我的猜测的资讯。

原来，父亲对孩子要求极高也极为严格，一发现昕的行为与自己的要求不符便免不了一顿奚落责骂。为了少惹是非，孩子选择了一种最简单"有效"的方法——撒谎，不惜以此换来一时的肯定或赞扬。揭开昕成长路上的那层纱幕我们不难发现，她撒谎成性其实是受到了一个颐指气使的成人的影响，这个家长总是在试图通过强硬和严厉的方法来管教孩子。

"为人师为人父母者，一定不能粗暴、鲁莽地对待孩子，而要不断地鼓励他们，不断地向他们证明努力的意义……"我一次次借助家长会委婉地把我的观点传递给昕的父亲，也传递给所有孩子的父母。我的这几分耕耘未必能有等值的收获，但不耕耘，肯定就不会有任何收获和改变的发生。

　　作为班主任，我们确实会碰到解不开的成长之结，会遭遇化解不了的学生问题。这个时候，适当地"越一下界"去看看原生家庭环境以及养育方式很有必要，因为家之于生命而言是成长之根着床的地方，当树干拔节乏力时，养树人唯有对根施肥才能精准助力。

接纳孩子的同时，更要引领家长

近年来，"融合教育"的大热，"随班就读"的提出，使得很多心智发育不那么健全的孩子有了走进普通中小学的机会，也给家校关系建设带来了更棘手的难题。家庭聚焦式的关注与审视、家长防范式的盯防与要求，都是导致家校关系隔膜、教师和家长沟通难畅的因由。

在教育生涯中，我接触过形形色色的家长，遭遇了各式各样的家校沟通难题。一路走过才深深悟到：读懂家长的无措和需求，引领家长回归理性教育和合作育人的正轨，是融合教育背景下教师必须关注的重点。

读懂强势背后的内荏无措，不卑不亢

不知从何时起，本应掌控学校教育主动权的教师生生地变成了教育中的弱势群体，只因家长掌握了能"制住"老师的独门秘器——投诉、上告，特殊儿童的家长亦不例外。

当把孩子的生活从家庭相对闭锁、家长时时陪伴的状态切换到班集体、教师以一应多的现实中时，很多家长惯于以强势的姿态对老师指指点点。"俺的孩子跟着这个班很吃力，你上课的时候得时时盯着些。"——这是不切实际的强硬要求。"我们家孩子今天在学校里摔倒了，你这当老师的没监护好，得负责！"——这是不讲道理的蛮横指责。更有甚者，你这个老师"不听我的，不理解家长"，"我要到教育局告你"。

很多老师被"告"字吓破了胆，暂时屈从于家长的要求，可往往就因这一时的迁就造成了日后长久工作中的被动。其实静下心来多一些理性的审视和思考就会发现，当家长感觉不遂心意，只能以"上告"这种方式来处理时，也恰恰彰显了家长的无力感。

"我要去告你！"当年，一个家长指着我的鼻子说要告我，理由很简单：他在家里通过电脑连接了学校的监控设备，发现儿子去领早餐时值班老师没给，当即便气冲冲地拨打了我的电话。一调查才知缘由：孩子端着餐盘去领饭，值班老师考虑到他行动不是特别协调，怕被刚出锅的稀饭烫到，便安排孩子回座位上，由老师把餐车推到桌前去分发。显然，家长只看到半截视频便雷霆大发，听了我的解释觉得有些下不来台，便想以趾高气扬的姿态压我一筹。

"如果您觉得去把我告了就能解决问题，那就去告吧！没做错什么，我自然是不怕的。"亮明立场的刹那，看得出来家长有些怔愣，我继续摆事实，"自从咱家孩子来到这个班，今天摔了这个的东西，明天把那个的衣柜砸坏了，我有没有哪一次是打电话告状或者让您到校来处理的？从来没有，因为知道您工作忙，不容易！今天这事，即便孩子真没有吃上早饭，也不应该由我负责。我接了您的电话没顾上吃饭就来调查，结果发现不过是误会一场。这事还有必要再去翻看监控吗？有必要我可以带您去看。咱们得互相理解才能更有利于孩子成长不是……"一番话下来，家长连连点头："误会一场，没想到老师平时竟然默默付出了那么多，一定全力配合！"

其实，面对家长的暴躁冲动，软接或硬碰都不是明智之举。以不卑不亢的姿态把事实摆出，把道理亮明，这本身就是最有底气的对抗。后来很多年，这位家长都没有停止传播我的美名："人家杨老师，有能力，明事理，就得把孩子送到这样的人手上。"

读懂逃避背后的引领缺失，主动伸手

大多能力有缺陷的孩子的家长都有一颗卑怯而脆弱的内心，别的不论，单是每次带着孩子出门露面吸引来的无数异样目光，就足以令一颗心布满阴霾。更何况，融合教育是把极为个别的残障儿童和家庭置身在了万千怜悯打量的目光之下，当事人所承受的心理压力可想而知，于是，逃避、躲闪是这些家长的本能反应。

更不容乐观的是，家长的避世态度会对孩子的成长产生极大影响，孩子可能会越来越封闭孤僻，隔离于社会生活之外。

我曾经所带的班里有个孩子家长就特别"另类"：开家长会，从来都是低着头一语不发，即使我在表扬孩子，她也不肯抬一下头；集体活动，非但自己不参与，还常常以各种理由把孩子困在家里，不允许抛头露面；家庭极其贫困，却拒绝任何帮助，哪怕是老师分发给孩子的小零食……她就那样瑟缩闪避着，恨不得跟周围的一切绝缘。

意识到问题的严重性后，我便换了种方式：既然家长不想参与我为了更好融合而费心策划的种种活动，那么我就主动走上门去，在家

这种让人放松的空间里和她交流，做些疏导。

"我这一辈子算是完了，被这么一个孩子拖累着！"这是她常挂在嘴边的一句话。"旁观者清，可不是这么一回事，你看看咱孩子，除了学习能力差了点，哪一点不优秀呢？爱劳动，有礼貌，人人都夸他品德好，这样的孩子怎么就成负担了？有多少看起来出色的孩子上了名牌大学却做出许多荒谬的事，那样就是父母的骄傲？"当意识到"孩子没有自己想的那么不堪"时，家长长长地舒一口气。

"真是不愿意领着孩子出门，怕别人笑话！"交流多了，她真实的心绪便自然地流露了出来。"隔壁班的彤你认识吗？"我问。"是那个路都走不稳，总是流着口水的女孩吗？""是呀，你可以多和她妈妈交流，那位家长的观点我比较赞同——越是不一样的孩子，越需要接触正常群体，越需要多走进社会融入进去。""她不怕别人看不起吗？"她怯怯地追问。"怎么会看不起，谁家里还没有点糟心的事呢！彤的妈妈总是向别人这样解释：'我家孩子发育得不太好，我得多带她出来转转！'了不起的家长！"

这样主动地走近，面对面地交流和影响，虽然不能一下子把一个卑怯避世的家长拉回到正常的社会轨道上来，但她的眼里慢慢有了光，行为举止渐渐大方了起来，在班级里也能越来越多地和其他家长交流探讨了，这何尝不是最有效的帮助和转化呢！

读懂絮叨背后的失落虚空，转移注意力

"老师，我今天早上就给他穿了一件单衬衣，会不会冻着？"孩子还没进校门，家长的"关心"就已经到了位。"老师，我家孩子今天

在学校表现还好吧？午饭都吃了吗？"午餐还没结束，宇妈追问的电话就打了进来。"他今天学了些什么东西？课堂上有没有主动举手回答问题？数学课上的……"放学后在校门口，宇妈更是拽着我絮叨个不停。

"这样的家长别理会就是了，要不一天能被她死死缠住！"同事们常这样劝我。我却坚信，任何不合常规的举动，都是内心状态的一种折射，面对这些亟待融合急需关注的特殊儿童家庭，最该做的不是避开，不是隔离，而是找到源头，帮助家长以正常的状态助力孩子的健康成长。

对宇妈的絮叨内容进行了详细的记录后我发现，她每天挂在嘴边的都是孩子的吃喝拉撒睡等琐碎问题，稍加分析，便理清了眉目：自从查出孩子发育迟滞后，妈妈便舍弃了工作，推却了一切社交活动，把照顾孩子当成了自己生活的全部。十多年来，孩子的一举一动都在自己的眼皮子底下。孩子入学后，妈妈又没有其他的事情打发时间，心里便没了着落。

家长的状态决定了孩子的成长朝向，一个惯于碎碎念、对一切都不敢放手不能放心的家长，要如何培养出独立自主的孩子呢？为了孩子的成长，我必须主动介入。

"宇妈，我知道这几年您为了孩子的成长，四处学习，积累了很多康复训练的宝贵经验。您看，咱们学校有很多特殊孩子的家长不像您有这么多的专业知识，能不能抽空给大家做个讲座呢？我也想聘请您为康复技术指导，让更多有特殊需求的孩子受益……"一听说能帮助更多的孩子，这个心地淳朴善良的母亲便毫不犹豫地"接了单"。

为了了解每个孩子的残障类型以及家庭教育中的困惑，宇妈花了大把气力去调研走访；为了让自己分享的内容实用、有针对性，她翻阅了大量专业书籍；为了讲好这堂课，凡事都一丝不苟的她更是精心准备……给家长权利，让她感受到自己大有可为，这是我的迂回策略。这次讲座之后，家长们自发组成了以宇妈为主要负责人的家庭康复训练小组，开启了互研互助的新模式。宇妈因为找到了忙碌的价值而内心丰盈充实起来，不再整天盯着老师和学校追问孩子的一举一动了。

日常交流中，我也不时地把宇自理能力越来越强、越来越自立的好消息分享给她，让她明白：父母对孩子最理想的教育模式，是在该放手的时候果敢地放手。

接手班级，我们既要容得下孩子层出不穷的成长问题，以专业的姿态去育人；还要读得懂表现不一却同样棘手的家长，读懂他们种种反应的因由和心灵缺失，用我们的智慧去做些引领。毕竟，只有家校之间的合作顺畅了，孩子的成长才有可能阳光茁壮。

看到棘刺背后的柔软

　　我，一个特殊教育学校的班主任，遭遇了各种各样的家长，却始终愿意坚守班级。为什么？因为，我看到的、感受到的，不仅有家长的蛮横无理、咄咄逼人，还有他们不为人所知的另一面……

一

　　圆滚滚的辉一脸横肉，调皮、捣蛋、打架、斗殴，没一件和他扯不上关系。很多老师提醒我："一个孩子的德行有没有可能变好，看看他背后站着什么样的家长就行了，辉的妈妈，简直就像个女匪头，这样的家庭里出来的孩子……"

　　初次"交锋"，是在我成为辉的班主任的第二周。周一早上，下了汽车想换乘公交赶往学校时，一个大嗓门在后面直喊："杨老师，你等等，我要打出租送我儿子，顺便捎你一程！"转过头来，便看见那个和辉脸上的横肉如出一辙、凶巴巴的女人一手叉腰，一手指着我，"我叫你好几声了你都听不见，辉说你是他老师。"到了学校门口，见我要付钱，她又是一声吼，"你们老师挣那几个工资能干什么呀，不用你！"我讪讪地不知如何接话，只感觉脸上火辣辣的。

第二次打交道，是因为辉在学校里打伤了一个听力有问题的孩子，我把她"请"到了学校。当听说是那个孩子先打手势骂了辉后，这位母亲操着满口粗话从椅子上蹦了起来："这样的小×孩就该打，要是我，会打得更狠。打坏了赔钱我也乐意，先出了这口气……"这样的家长，经验丰富的老班主任都拿她毫无办法，我这个新手又能怎么样呢？很长一段时间，我都小心翼翼，生怕引火烧身。

可有时候是越怕什么就越来什么，寒假开学没几天，天大的祸事就被我碰上了：辉伙同几个学生半夜跳窗逃出了学校，如同石沉大海般没了音讯。得知消息后，辉的妈妈火急火燎地赶到学校。听其他老师讲述完事件经过，她转头看了看近乎瘫在那里的我，开了口："杨老师你放心，我自己的孩子是什么样我知道，他就是一个不安分的捣乱分子，就算真的找不到了也绝对和你没有半毛钱关系，你别担心。"

哪个母亲不爱自己的孩子呢？又有哪个母亲在得知自己的孩子去无所踪之后不会抓狂呢？可在找寻孩子最煎熬最痛苦的那半个月时间里，每次到学校，辉的妈妈一走进教室就粗声粗气地安慰我："这和你有什么关系呢，你又不是他肚子里的蛔虫，能知道他要干什么？就算知道了你还能二十四小时不睡看着他？"

半个月后，在警方的协助下，几个孩子被从南方的一座小城带了回来，学校对学生做出了开除的处分，我这个班主任在年终考核中也被确定为不合格，在那个教师富余得随时准备下岗的年头里，率先进入了"待下区"。可这些击打都没有改变我要继续做班主任的决心，因为在那段昏天暗地无所依靠的日子里，一位人人谈之色变的家长给了我最大的包容和理解，她让我看到了粗犷泼辣背后人性本质中的那份真与善。

二

在办公室里聊起学生家长，大家坦言："这年头天不怕地不怕，就怕不讲理的家长来学校放赖。"于是，我的眼前浮现出一位老人蹒跚的身影。这两年她没有再来看过我，不知道老人家是否还好。

十几年前，那时候我刚转到启智班担任班主任。一个自称宁的姨姥姥的人，在走廊里上演了一出快速"变脸"的大戏。"领导，老师，求求你们了，这个孩子她妈傻，她姥姥也就是我的姐姐年纪又大，谁都没有办法好好照顾她。你们就行行好收下她吧……"

宁是个插班生，刚由普通学校转来。例行调查时，学校询问孩子是否有疾病，来送的人拍着胸脯再三保证："除了智力低下，别的什么毛病都没有。"可一周不到，宁便口吐白沫倒在了操场上，浑身抽搐成一团。在特殊学校工作久了，大家都知道，这是典型的癫痫发作症状。这种风险谁也不敢冒，万一哪天孩子出了意外，责任可是担不了的。于是，学校便通知家长来把孩子接回家，因为癫痫患者超出了特校招生的范围。

乡下来的姥姥一把鼻涕一把泪地没个主意，旁边陪同而来的姨姥姥却不是"省油的灯"，这个精明的城市老太太先是大倒苦水拉同情票，见学校咬定没办法承担这样的风险，便连哭带闹地折腾了起来，扬言要上访，要找地方告状，要在学校门口哭闹让路人都看看这个无同情心的学校，最后她索性坐在学校大门口赖着不走了。

看着在冷风中瑟缩着不知所措的孩子，我有些于心不忍，便想带孩子进教室喝口热水。没想到，这一举动竟为我自己招惹了麻烦：姨姥姥赖在我班教室里软磨硬泡，又是作揖又是下跪，就是不肯离开。最后，实在被缠得没办法我只好把孩子留在了自己班里。"愿揽事，那以后出了什么事你就自己担着吧！"领导一副恨铁不成钢的样子。"那老太太一看就不是个好对付的主儿，和这样的人打交道，以后你就等着受罪吧！"同事们满心满脸的同情。

随后的几年里，姨姥姥便成了宁的监护人，吃穿所用都由她提供，在学校有了什么急事，她也总是第一时间赶到处理，并没有找我什么麻烦。在宁毕业前的最后一次家长会上，这位精明难缠的老人拉着校领导的手说："你们杨老师就是我们家的恩人呀，这些年孩子跟着她学到了不少生活技能，没有她，哪有我家孩子的今天呢……"激动的诉说中，老人泪流满面。

每年新学期开学，老人都如当初送宁上学时一般到我的教室里看看，拉着我的手不停地表达谢意。最后一次见面，望着她手拄拐杖、步履蹒跚的样子，我才惊觉：孩子竟已经毕业那么多年了，那个当初低得下身段也强硬得起来的老人也早已经苍老得不复当初，只是，她对我的感激和惦记经年如一日，不曾褪色。

谁曾想到，当年那个看起来很无赖的老人，竟与我结下了一段不解之缘。她也肯定不会料到，那段过往竟在我心里生了根，发了芽——一位班主任无意间留下的温暖和善良，竟可以换来终生柔软的感激，这样的幸福只有经历过的人才会懂得。

　　常有人问我："是什么支撑着你在特殊教育班主任岗位上坚守了那么多年？是对孩子发自内心的喜爱，还是对教育一往情深的守望？"都是，但也不全是。我想最能予我触动的应该是那些形形色色、禀性各异的家长，不论我最终是否给予了孩子一份美好的成长，那些看起来带刺的家长最终都将最柔软、最人性的那一面展现给了我，含了感动，带着微温。

软硬兼施：“三招”扳倒强势

"哎呀校长，你们这学校里的保安该换人了，进个门像审犯人似的，我是学生家长，可不是他的看管对象。""什么，这次的班主任呀，我很满意，就是这个小老师太有脾气了，我斗不过她，不过……"教室的门紧闭，也挡不住外面走廊里这个人张扬的声音，我真是哭笑不得。

"凯文爸，你看现在都几点了？说好十一点来接孩子，你又迟到了，这样怎么给你儿子做榜样？"拉开门，绷着脸，我一嗓子就止住了这喋喋不休。教室外，终于脱了身的校长揉揉额头，长舒了口气……

我是凯文入校不到一年来的第四任班主任。前两任被凯文爸"炒"了，理由是"不接受家长的合理建议""不懂如何教育学生"，第三任班主任接手一个月后找到领导："有这么个家长，我没法干，要么让他把孩子领回家，要么我不做班主任。"在"对特殊儿童无条件接纳"的大背景下怎么可能开除学生呢？于是，我就成了那个悲催的第四任。

关于这个家长的"光辉事迹"，在学校里流传很广：孩子入学第一天，他就自发站上讲台对其他家长大谈教育之道，俨然请来的专家；一个周后，一封长长的"建议信"就躺到了班主任的桌上，大到学校活动安排小到自己孩子心灵成长，事无巨细地表达了他完全从自己出发的观点；当那些让人哭笑不得的建议被委婉地"考虑"后，他愈发如鱼得水，一天好几通电话打到班主任那儿指点……临接手前，校长找到我："知道你也不愿意和这样的'刺头'打交道，但也只能先这么安排，实在不行再另想办法吧！"

"晾"出来的安分

"你就是这个班的班主任吧？"他指着我问了一句，领着孩子走进教室。原本就对这个大腹便便、油光满面又故作姿态的人没什么好感，这一开口，我更是在内心毫不犹豫地给了差评。

"喂，老师，你们这教室里桌子为什么摆成弧形，别的教室都是排了两列三排，整整齐齐的，你看你……"瞧，一进门当着全班学生和家长的面，他就不安分地对我指手画脚了起来，这样的人谁会喜欢？"凯文是吧，我是杨老师，欢迎你来到启智五班，这是你的座位，先坐下来整理一下好吗？"不想理会那个颐指气使的家长，我拉着孩子的手走到座位上，和他一起把学习用品摆放好。

"那个，老师，我儿子凯文他今天早上……"见我终于抬起了头，他忙不迭地又开了口。"各位家长，请保持安静，利用这次返校的时间我们开个简短的家长会！"我不给他开口的机会，走上讲台把近段时间班级的活动安排做了简要介绍，然后宣布，"数学老师在门外等候上课，家长们离开时要保持安静，记得周五按时来接孩子。"

门外，凯文的爸爸转来转去，见我露了面，他连忙凑上来。"你可以回家了。我这里有你的电话号码，孩子如果有什么事我会及时和你联系，我不联系你就说明孩子在学校里一切都很好。"晾得也差不多了，我现在就剩一个想法，让他赶快离开。"哦，那个，那个……那我就走了？"他支吾着，有点不情愿，又有点无奈。"你老在这儿转悠，孩子哪有心思上课？快回去吧！"听我这么一说，他快快地出了校门。看来，"孩子怎样"果然能牵扯住他的那根主脉。

"怎么样？怎么样？"一回办公室，同事们就围了上来，"见识过那个家长的难缠了吧！""见识了，可我不理他，晾了一会儿就把他打发走了！""还可以这样吗？"……

晾都晾了，还有什么不可以呢？至少这第一回合的碰面，主动权是掌握在我这个班主任手里的。

"压"下去的奢想

因为手里握着他的主脉——孩子的成长，我和凯文爸之间的相处倒也相安无事。不管他提出什么质疑，只要我坚持自己的做法才是最适合孩子的发展的，并有理有据，他倒也无话可说。

不过，从他平时的言谈间，我依然捕捉到了一些不合理的讯息。比如，听说谁家的孩子上大学了，他就会无限神往地"等我家凯文上了大学……"；听说哪个事业单位招聘"坐办公室的"，他就会说"我儿子将来要怎样怎样"。一直想找个机会和他聊聊这个话题，但心中又忐忑，不知道面对这种"不按常理出牌"的家长该怎么开口。

"杨老师,你是哪个大学毕业的?"两个月相安无事,我和他之间的交流也多了起来。但我有我的原则:他好好说话我就笑着应上几句,他要是扯着嗓子吆三喝四,我脾气绝对比他还大,我这样油盐不进反倒治得他一点办法都没有。"我不是大学毕业的,是中专毕业的。""哦,原来是这样呀。杨老师,老实跟你说,我对我儿子也没有太大的奢求,只要他将来能像你一样上个小中专、当个小老师就行了,拜托你了!"话一出口,来送孩子的几个家长都被他"雷"得呆愣了。

"凯文爸,"我严肃地开了口,脸色肯定不怎么好看,"这对面是实验二小,二小旁边是实验二中,你可以把孩子转到对面学校去,初中毕业就能考小中专了。当然了,我们学校往北二公里还有高中,从那里毕业上大学也是可以的!""哎呀老师,你看你这话说的,我家孩子这情况送二小人家也不要呀,不然也不会送到特校来了。"他讪讪地说。"你也知道咱孩子特殊才送到这里来,你也知道人家普通学校不收是吧,那你就应该知道孩子学习能力是有欠缺的。现在你让我把你儿子培养成老师,我可没这个本事,哪儿能做到你就送哪儿去吧!"……他的脸红一阵白一阵,站在那里很是不自在。我话说得很重,但我不后悔,因为有些真相总得有人揭开。

"大家对孩子有什么期望呢,不妨聊一聊。"想让他彻底地清醒一下,也想听听其他家长的声音,我把问题抛了出去。"孩子这种情况,能自己挣口饭吃,我就知足了。""是呀,父母也不能陪伴一辈子,我就希望他能够学些生活、劳动技能,自食其力。"……我肯定了大家的想法,并提了几点建议,于是,家长们越发紧地围了上来和我交流,只有凯文的爸爸尴尬地站在圈外。

同事们笑称这是赤裸裸的孤立式打压。如果打压能够让一个人清醒地直面现实，铲除心中那不合理的认知，多"打"几次又何妨呢？

"夸"出来的配合

"到底是个明事理的人，凯文爸的做法我很欣赏——对孩子放手，自己的事情自己做，这样才能更好地培养他们的生活能力！"五一假期回来，当凯文说他自己把毛巾洗了的时候，我不着痕迹地把他爸爸表扬了一通。毕竟，晾着压着，只能保证家长不来左右我的工作，却不能达到最理想的合作育人效果。要想让家长全力配合，还得把他变成"自己人"。

"哎呀老师，我是个不懂教育的粗人，你怎么说我就怎么做。"他摸了摸后脑勺，有些不好意思。我心里有些小得意：这么激动，肯定是从来没被老师表扬过，这么难缠的人谁会主动表扬呢？可我偏偏就要反其道而行。

我的肯定不常有，但只要说出口，家长们都会觉得特别在理；我的表扬不着痕迹，但总能让凯文爸爸油光的脸乐成一朵花。他从家里给班上一个贫困男孩带来了些换洗衣服，我说："你这个人看起来粗枝大叶的，有时候还真挺细心，我都没注意到他老穿那一件衣服。"他吱吱喝喝地要顺路捎小文和奶奶一程，我说："本来是做好事，都被你那大嗓门破坏光了。"……从他的"嘿嘿"中，我知道这样的说话方式他很受用。

"杨老师那脾气像小辣椒一样，可惹不得，但人家讲理，我就服她！""告诉你们，我们班杨老师，那真是个好班主任，你家孩子升级就跟着他。"这是不同家长口中转述来的凯文爸爸对我的评价。回想起与他打交道的点点滴滴，我又何尝不是受益匪浅呢？作为班主任，我既得能为这位家长听诊把脉，又不能一味强硬或谦让。但阻力再大，顽石再坚，我们总还是可以做些力所能及的事，让改变在不知不觉中发生。

　　我们所从事的教育，并非良田一亩，有时候，我们是会站在盐碱地上的，有时还会被咸风吹卷。不过我坚信，如果懂得转化、比对，在逆境中或许也可以结出香脆甜美的果实，就像我用"三招"扳倒了那虚假的强势，收获了意外的柔软……

为一位母亲放手

学校开设的"阳光家长课堂"，由我率先开讲。

既不想用高大上的理论把家长催眠，又真的希望这次讲座能对家庭教育有所帮助，几经思量，我决定以"顺应心理，孩子更合作"为主题，从生活中实实在在的案例出发，和家长们聊一聊与孩子沟通的小技巧。

经过一番预热，我抛出两个问题：孩子不听话，是不是因为我们做家长的不会"听"话？孩子不听话，是不是因为我们的话不好听？这两个问题迅速将家长牢牢吸引到讲座中来，而那些源于生活、发生在身边的小故事，更是让他们兴致盎然，纷纷予我以回应。

近年来，对心理学的探究让我更习惯于用眼神来互动。以往对讲座提不起兴趣的家长今天如此给力，我自然更愿意用眼神送上一份温暖而善意的鼓励。我一边将沟通中同一问题不同回应带来的截然不同的效果诉于家长对比，一边含笑扫过今天在场的一张张对我有所期待的脸庞。当我的目光滑过一位黄衣母亲时，原本明亮的心情倏然蒙上了层阴影：那张脸上挂着的是什么样的表情啊，空洞、失望，甚至还有那斜瞥了我一眼中无尽的厌烦……"这是为什么？"我心头暗自一惊，瞬时画了满满的问号。

讲述还在继续，家长们的热情也还在持续，我再次将目光从黄衣母亲一脸不耐烦中扫过，模糊的答案在心底呼之欲出。一念转起，我做了个仓促的决定："一会儿孩子们就要出校，我想大家可能也需要些时间为孩子整理东西，所以今天我们先聊到这儿吧！如果关于这个话题大家还有话可说，会后可以与我继续讨论。"压缩故事，长话短说，我尽己所能匆忙地结束了这场讲座，然后长舒一口气。

目送黄衣母亲迅速离场，又为围上来的家长一一作答后，我一个人瘫坐在椅子上，陷入了沉思……

"怎么像赶场一样提前结束了呢？"见我坐在那儿一脸凝重，一直在旁关注整场讲座的领导质疑后马上又安慰道，"不过没关系，效果真的挺好的，要不家长也不会一直围着你有说不完的话。不过，那边有位穿黄衣服的家长你认识吗？一脸不耐烦，她怎么回事……""我不认识。没有关系，她没影响到我！"我心虚地摇着头。原来，细心的领导也关注到了会场的异常。

"为什么提前结束呢？原本从容的安排演变成了仓促的收场，是否值得？"在匆匆做出决定的刹那，答案已经毋庸置疑。那一刻，想法很简单，对一位母亲放手。

黄衣母亲我是认得的，她是八年级学生聪的母亲。之前，我曾担任过聪两年的数学老师。那个清秀漂亮的男孩是个自闭症患儿，他从不对别人的呼唤做出回应，更别提主动与人交流，每天都是静静地呆坐在位子上，面无表情。每每目光触碰到这个安分得有些出奇的男孩，我的心底都有份软软的痛肆意蔓延。几年的时光荏苒而过，孩子依然是那个安然沉浸于别人无法读懂的封闭世界里的孩子，而母亲却已在一份长久等不到花开的熬煎中慢慢衰老、消沉……

当目光一次次捕捉到这位母亲的焦躁不安时，我幡然省悟，自己大谈特谈的沟通能力恰恰是聪所不具备的。于是，这场看似很合时宜的讲座便戳到了一位母亲心头的伤口；于是，众人热烈的回应声、赞同声便如同一粒粒盐洒落，让她的痛感加剧。通过她越来越苍白、越来越厌烦的脸，我知道有双于无形中扼住咽喉的手，正令她感到窒息难受。

缺失的完美可以慢慢补救，错过的精彩下一站可以找回，而一位母亲破碎的心要如何缝补？放一放手，让痛轻一些，再轻一些，无论何时，我都愿意去尝试……

铺筑专业发展的基石 第四辑

　　决定工程质量的先决因素是地基打得如何，地基虚空，上面的"建筑"飘摇动荡；地基牢固，才可能有坚固踏实的建设。班级的形成发展就好比是工程建设，铺筑地基的基石来自哪里？毫无疑问，是来自班主任自身的专业能力和专业智慧。

　　班主任的专业提升之惑在哪里？提升之路向何方？这些思考源于实践，这些实践验证思考，但愿能给迷茫的心一点清晰的朝向。

由经验交流引发的专业成长思考

曾参加了一次全市范围的班主任工作经验交流活动，十多位优秀的班主任一一发言完毕后，主办方一再邀请，希望我能就老师们的分享做现场点评。

大家所分享的经验大同小异，大多聚焦家校沟通、激励性评价、常规管理以及寻根探源化解行为问题等几个方面。其中不乏令人耳目一新的小妙招、小尝试，但远不及在现场所捕捉到的、与班主任专业发展息息相关的几个关键节点更能予我触动。在现场，我抛出了三个问题请班主任启动思考：

问题一　家校之间，指向沟通还是朝向合作？

"我注意到所有老师分享的经验中都提到了'家校沟通'这个词，看得出来大家对于家校关系的重视。其实还有一个词叫'家校合作'，我请大家思考一下，哪个词更关键、更重要，或者说我们的终极目的是什么？"结果出人意料，大家几乎异口同声地回答——家校沟通。

"从字面的意思来理解，沟通是通过信息的传递和反馈来促进情感通畅，达成一致的思想，而合作则是一起工作以达到共同的目标。在教育过程中，我们要追求的是家长理解我们、接纳我们，还是参与到教育工作中来呢？"这么一解读后，老师们有了选择：当然是合作更有利于教育的实施和推进。

为什么这样两个与家校关系息息相关的词，这些资深的、优秀的班主任们竟从来不曾比较辨析过呢？为什么大家会集体"迷路"呢？显然，固化思维在作祟。毕竟，"家校沟通"一词是学校大会小会提及的，是各种文字材料铺天盖地扬洒的。这种现象所折射出的恰恰是班主任深思能力的不足，老师们习惯了被动接受，习惯了人云亦云。一个不具备对惯常问题持有自己的思考和见解的班主任，一个成长常赖于外力助推和指引的班主任，成长可能会失去方向。

问题二 学生评价，切中结果还是关注过程？

推行班币制度，开发星级进阶兑换机制，设立成长积分排行榜……在评价方面，班主任们招式百出，侃侃而谈。但稍稍一品，便会发现所谓的招式大同小异："当学生达到什么样的目标后，得到一颗星。""学生完成某项任务，就能得到××奖励。""奖品积累到××数量后，就能够再进一级。"

"各位班主任，毫无疑问，这些评价措施肯定对孩子有激励之效。现在我希望大家都能回望一下：你的评价指向的是活动过程，还是结果？你在评价的时候关注到的是结果的呈现，还是人的状态？""当然是结果呀！不然还怎么评价？"一片肯定之声，令我的心不由自主地一阵阵发紧。

"首先，在低龄阶段不论是用星级评价、积分评价，还是奖品刺激，都能激发孩子们的兴趣。但孩子随着成长越来越有自己的主张和见解，当他们对老师的刺激丝毫不感兴趣了怎么办？"老师们你望望我，我瞅瞅你，一脸迷茫。也就是说，如出一辙的评价激励机制背后，都缺少了对不同年龄、不同层次的"人"的考量。

"其次，孩子们站在相同的起跑线上，有的孩子就是速度快、能力高，即便他用了六分力，也可以先胜一筹；而有的同学尽管非常努力，非常认真，但就是永远都跟不上别人的速度，即便使了十二分气力依然远远落后，这种只着眼于结果的评价方式会置这些'差人一截'的孩子于何地？"面对我的这一发问，有的老师了然，有的老师低头凝思了起来。

评价是教育进程中的必需，评价的终极指向是激励成长，改进不足。但是，当评价一味地以结果为衡量标准，忽视了过程当中个体的努力和状态，忽视了对人的关照和呵护，势必有一天会走到一条无法回转的死胡同。

学生评价方式关注的点所折射出的其实只是班主任工作的一角，我所揪心的是：当班级中所有以"育"为名的活动都是简单粗暴地直奔目标和结果，那么"育人"当中的"人"将可在？

问题三　问题探源，审视学生的同时有没有自我反思？

需要承认的是，班主任的问题意识提升了，对班级问题的研究意识也增强了。在交流中最常听到的经验之谈是：当碰到问题学生或学生问题，班主任不但顺着藤摸瓜，甚至还摸根，从成长原生环境、家庭氛围等多处下功夫来找原因，施方法。

"我非常认同咱们班主任就着问题不断去深度反思查找根源的态度，但大家在不断从学生自身、学生的成长环境发力挖掘的同时，有没有在问题出现后试着去反思、从自己身上去查找原因？"现场老师一片愕然，显然，我这个提法大家闻所未闻。

在现场，我和老师们分享了一个真实的案例：

有位乡村班主任在班级推行班币制度，孩子们的币值积累到了一定程度可以到学校设立的公益超市里兑换学习用品。一天，校园里的韭菜该收割了，全校师生便齐动手进行了本次劳动体验，然后领导建议："老师们可以用现金购买韭菜，卖的钱用来充实超市物品。"每人买了一包后发现韭菜还是有剩余，该怎么处理呢？这位班主任提议：可以让有班币的孩子购买带回家。令她没想到的是，只不过是到办公室里喝口水的空当，教室里就乱成了一锅粥——孩子们在教室里买韭菜、卖韭菜，一片混乱。

那位班主任狠狠地处置了参与交易的学生，可她怎么也想不明白：怎么现在的小孩都这么不单纯，小小年纪就学着做生意了？拖着领导、拉着同事探讨了半天也没弄明白"孩子们到底怎么了"。我听说后，反问了一句："老师们买韭菜学生看见了吧？然后就是学生自己买。这个下午进行的活动从孩子的视角来看就是关于货币交易的实践，为什么在教室里就不可以？"

当从老师自身去反思时，就会发现不同的表达、不同的安排、不一样的设置会呈现出截然不同的结果，甚至后果。对学生成长中的问题深度思量确实是件好事，但在我看来，如果缺少了老师对自身的审视和反思，就无法触碰到问题发生的真正脉络，也无法找寻到有效的化解之方。

班主任专业成长之路上，这种基于经验分享的交流方式确实有必要，但我认为，如果所有的交流都只限于"术"的梳理而缺少了"道"的思量，如果所有的反思都朝向他人而忽视自身，这种分享之于成长的意义就不会太大。

拨开班主任培训低效的双重迷雾

曾经的我，那个在现场听得专注无比、热血沸腾的我，常常会在培训结束后失落好久：学完之后为什么脑海里依旧空空荡荡？一次又一次的培训为什么没有为我带来班级管理上的实际帮助？

后来的我，那个有更多机会接触教师培训工作的我，也常常会听到另一种令人神伤的慨叹：为什么精心挑选的课程依然无法激活班主任主动思考和探究的意识？为什么不论是理论的提升还是实践的引领都不能帮助班主任改变自己的育人方式？

2019 年，我开启了"双重身份"的教育生活：一方面，我依然坚守班主任工作一线，希望在最基层的土壤中发现问题，研究问题；另一方面，我还要以一个专业培训者以及培训管理者的身份，去探究如何以更加专业的引领方式为班主任成长助力。

探究一：为什么班主任培训和实践总不能有效勾连？

我在 2019 年初组建了班主任专业发展工作室，通过对工作室教师成长状态持续跟进观察，我梳理出了以下主因：

一是培训内容设计与班主任成长需求的契合上存在问题。

尽管培训者也会通过问卷、表单等多种形式对班主任的需求进行统计，但这种统计往往停留在宏观层面，比如心育技能、德育活动设计、生涯规划等，这些需求看似已经极有针对性了，但细思起来，每个门类又可以分成大大小小多个层面，因此，这种看似"按需施训"的方式，其实很难聚焦班主任个体最迫切待解的问题，"用别人的方法解别人的问题确实可行，但不适用于我的班级"。

二是培训者的授课方式与班主任的理解接受匹配上存在问题。

当下的班主任培训，存在着几种可以归结的"套路"：一是靠班级故事、案例的讲述等撑起的场，这样的培训内容听起来生动，富有感染力，最为老师所喜闻乐见，但听过之后却"知其然，不知其所以然"，解决问题的根源和依据没有呈现，学习者挖到的只是一棵没有根的苗木；二是以工作思路和方法呈现为主要授课内容，这种培训听起来似乎干货满满，既可复制又可运用，但条条框框的套路格式却激不起老师倾听和学习的兴趣，有根无叶，没有生命力；三是以纯理论讲述为主的高端引领，老师们听得云里雾里，难以消化，落实起来更是无从下手，既摸不到根，更找不到藤，让人实在无所适从。

三是班主任自身对培训目的的认识陷入了误区。

在很多班主任看来，培训就要实用，自己的班级、学生"生病"了，需要一个包治百病的"医生"（教育专家）来诊治下药。一次、两次，问题依然没有得到有效解决，就失去了对培训效度的信服——"专家的经验也会水土不服，无法在我的班级中嫁接"。

从我自身的成长体验来看，接受培训，绝不是为了增加什么技能，而是为自己多打开一扇审视问题、思考问题、化解问题的窗口。听取别人的理论或经验分享时，我通常会一步步追问：别人处理问题比我更智慧的地方是什么？他的智慧是来源于阅读，还是受他人启示？我面临的问题与他的问题有哪些异同？通过这次学习我可以有什么样的尝试？……

对培训目的的不同认知，导致了有人收获颇丰，而有人两手空空。因此，每次做培训或者带班主任外出培训，我都会唠叨那么几句："不要期待拿别人的方法来解决自己的问题，你的学习是为了拓宽眼界，疏通思路。"

探究二：要如何实现培训与实践二者间的有效转化？

在带领工作室的班主任们成长的路上，我一直都致力于培养一批善于思考的人。深度思考能力，才是最终促使培训与实践二者之间有效转化的主要动力。

一是班主任对自身要有正确的认知和规划。

没有目标的航船，任何风向都不会是顺风。2016 年，在特殊教育学校担任班主任的我，反复审视自己的教育生命状态：闭塞的小圈子让我连普通学校的同行都鲜有机会接触，这样和一只井底之蛙有什么区别，我意识到要主动跳出，和外面的世界接轨；看到别人在班级管理中做得风生水起，我发现与他人的差距就是缺少自我规划和主动思考，于是，我找到了自己最能发力的地方——阅读和写作，开始了专业成长尝试；发现面对孩子的行为自己常常有错误的解读和处理，于是我自掏腰包开始了大量心理学知识的学习……因为时时对自己保持清醒的认识，以规划的姿态检视自身成长的不足，我所参加的培训首先都是结合自身所需主动选择的，这样的培训听起来格外用心，反思起来格外深透，应用起来自然也就得心应手。

"学会认识你自己，然后为发展定位！"这是我对所有申请加入工作室的班主任们提出的要求。对自我有一个清醒的认识，对自己的发展定位有一个明晰的设计，这样的班主任去参加培训才能真正汲取到成长的营养，也才能够把这些养分转化成新的发展动能。

二是培训者对班主任需求要有精准的理解和对标。

"你们期待的培训是什么样的？"很多班主任给我的回馈是：要接地气，要有案例，有分析，有方法，有理论。这样多元的需求，培训者要兼顾看起来有些难度，但也不是完全不能够实现。作为一名兼职培训人员，我在课程准备的时候会尽量换位思考：如果自己是听课人，我是否觉得自己讲授的内容是实用的、切中班级管理工作或班主任成长需求的、归因正确化解有道的？

就以大家都觉得无比棘手的网络问题为例，在准备时我把学生迷恋网络的种种表现大致归了类，在讲授中通过互动的方式问老师们："大家通常如何解决？"就着回答，我点出，"老师们所提供的方法更多的是通过控制来解决，效果怎么样？"大家纷纷摇头。

随后，我分别就刷朋友圈、沉溺网络游戏、迷恋网红偶像等几种现象逐一为大家做更深层次的心理动因剖析。

"留心观察孩子们的朋友圈，你有没有发现这样的现象？晒个萌照，发个鬼脸，来些特立独行的举动……"老师们连连点头，"这样的一种晒是希望得到什么？"于是，班主任便会意识到，学生沉迷网络自晒，折射出的是对关注的渴望。"另外，他们都聊些什么内容？"

老师们会幡然悟到——大多时候的聊天都没有什么实质性的内容。"其实，没有内容的聊天在告诉我们，随便说点什么吧，只要有人陪就好，透过这种现象咱们还能看到什么?"班主任们会马上意识到:当下孩子的成长是存在严重的陪伴缺失的，老师们不停地对学生提要求，却很少会耐下心来跟孩子随便聊聊;家长给孩子丰富的物质上的满足，可以不惜重金去报个补习班，却很少会抽出哪怕半天时间给孩子最单纯的陪伴……一步步地去剖析，一点点地将问题之根挖出来，无须再做更多方法上的引领，老师们再去应对时就已经知道该向哪个方向去努力了。

这种将班级管理中的问题拉到台面上细致分析的培训，更容易与老师们已有的经验体系产生碰撞，也更容易激发他们步步思考、尝试实践的热情。

三是管理层对班主任角色的定位要避免偏颇和失当。

在很多人看来，班主任的工作就是进行班级管理，班主任的角色就是一个管理者。在这一点上，我是不认同的。

"咱们的角色不是管好一个班或者一群学生，如果只是停留在'管'上，这几乎是不需要学习提升的，你能'hold'住这一群人就行。作为班主任，你应该是一个建设者，把班级和自己建设成什么样，自主权都在你的手里……"我常常不厌其烦地这样为工作室的老师们"纠偏"。我认为，"管理"一词，更多聚焦的是一种技能，时间久了，人的思想和思维都会趋于机械化，容易让班级工作失却了温度和灵动;建设则不然，它是需要用心构思的，更需要时时停下来审视观望，谨慎地进入到下一步。

我会帮助大家把需要"建设"的几根支柱做一个细致的梳理:班

主任自身建设，这是发展的基础；家校关系构建，学生心灵建设，班级文化建设，这些是班级工作开展的落脚点，只有基石坚固，所有这些朝向学生发展的建设才可能坚实有力。

这样一番厘清，会让班主任在参加任何培训活动时都拥有一个坚实的桩柱。他们所需要进一步跟进的，就是审视哪个桩柱"短"了，需要进一步延伸；哪根桩柱"弱"了，需要有针对性地加固。

破解班主任专业培训低效的局，可能需要多个角度对问题的审视。根据多年的实践探索，我认为只有激发班主任主动拨开绕在根源部分和发展部分的双重迷雾，才能将培训这盘让很多人困惑踌躇的迷局看得清楚明白。

谁为你的专业成长设了限

近日，一位青年班主任在和我聊天时这样感慨："杨老师，我真知道一个年轻班主任更需要沉下心来，读些书，写点班级管理上的思考，不断地成长自己。然而，"他话锋一转，"刚踏上工作岗位，我既要熟悉教学工作，又要应付各种检查，还得和领导同事搞好关系，过几年我站稳脚跟后，一定加入你的工作室，逼自己去成长！"

我笑了笑，没有回应。确实，这些原因合情合理，只是，等几年后情况就会改观吗？经常有三四十岁正当年的老师这样感慨：成长确实是必需的，只是孩子太小需要费心、父母渐长需要照顾，工作中又要挑大梁，实在是没有时间和精力啊，等我闲下来再说！也不乏五十岁左右的老师遗憾发声："你的工作室确实充满了正能量，如果我退回到年轻的时候，不，哪怕时光倒流十年，我一定加入团队，和你们一起成长……"

这样看来，年轻人有年轻人的无奈，中年人有中年人的身不由己，长者又有长者的力不从心。特别是意识到以读写为轴线的成长非一日之功能成就时，主科老师会觉得压力大课时多，抽不出空，等空闲些再行动；副科老师又觉得所教为边缘学科，表述能力还太弱，先慢慢提升后再起步……关于"开始"这件事，似乎永远都没有最好的时机，也似乎总有"动"不起来的理由。

为什么成长和成功的花只向少数人绽开？如果留心观察就不难发现，生活中大多数人都是这样的：开始一件事前，总是在等待和准备，等待最恰当的时机，等待最理想的状态，面面俱到地规划，细致到每一个步骤。直到一生临近终点，还停留在各种各样的前奏中，不曾进入正戏。瓦尔多·爱默生曾写过这样一句话："我们总在为活着做准备，却没有真正活过。"原因何在？在我看来，所有的借口，都不过是自己在为自己的人生加框设限。

跳蚤被称为动物界的跳高冠军，据说它跳的高度可达它身长的四百倍左右。有人曾做过一个实验：把一只跳蚤放进玻璃杯里，跳蚤每次都能轻而易举地跳出来。实验者在杯上加了个玻璃盖，当一次次起跳都撞在玻璃盖上后，跳蚤开始变得聪明起来，根据盖子的高度来调整自己所跳的高度。经过一段时间，实验者去掉了杯盖，可怜的跳蚤却再也无法从这只杯中跳出。跳蚤还是那只跳蚤，杯子也还是那个杯子，唯一不同的是，心里有了认定的限度，它就再也没有了奋力起跳的可能。

我们教师的成长又何尝不是如此呢？精力跟不上，能力达不到，时间不允许……还没有"起跳"，内心的条条框框先把自己缚得结结实实。其实，所有的"能""可以""合适"都是相对的。如果你有一颗强烈超脱当下奔向前方的心，就永远没有"不能够""不可以""不合适"的时候。你会觉得，遇见了就意味着该行动了，今天就是最好的日子，现在就是最好的时机。

曾经，我也是在既"加盖"又"有壁"的舒适牢笼里安然度日的：自己的水平教一群智力有缺陷的孩子绰绰有余了，哪里还需要学习提升呢？特殊教育的狭促圈子我一辈子都跳不出去了，还瞎折腾什么呢？照顾两个孩子已是焦头烂额，又哪有精力去谈什么自我成长呢？……带着这种种心安理得的念想，我在所谓的"舒适区"里颓废了整整十六年。如果不是工作中的不顺与磨折深深刺痛了我，现在我肯定颓丧得更彻底。

如今想来，所有的遭遇和打击都是另一种美好的成长。当与王维审老师的"叙事者"团队相遇，当知道教育阅读和写作才是最有力的挣脱方式时，我没有犹豫半分，果断地把心里那些困束自己的横网竖栏统统拆掉，用"马上开始"来说话。事实证明，也恰是这最没有掂量比较的行动，最没有思虑反复的坚持，才成就了一个善于思考的优秀教师、一个成果丰硕的笔耕者、一个成绩斐然的班主任工作室引领者。这样看似艰难的三级跳，不过是在"不设限"的前提下，用三年汗水与坚持换来的成全。

一个教师的专业成长需要什么？我认为，最关键的莫过于，不因种种外在因素为成长设限。心动时，就马上付诸行动！

别迷失在自己制造的"粗糙"中

与同为教师的好友小聚，当话题移转到我身上时，大家连声感慨："同处教育日趋繁杂的'战壕'，只有杨老师是真的把职业生命修炼得愈发精致多彩了，既带班又做研究，竟然还能领着一大群班主任追寻成长。回望自身，我们却只能用'团团乱转、灰头土脸'来形容……"

在众人看来，现在的教育哪有轻松可言。每天走进校园，备课上课有时像"副业"，各种待提交的表单、待安排的活动、待转发的通知、待参与的答题、待限时完成的计划档案盘点总结，以及待想方设法提高的考核分数，类此种种的评价内容才是永不停歇的教育主旋律。

不可否认，越来越多的督导项目、越来越细的留痕管理、越来越丰富的"进校园、拉小手"等活动，已搅扰到了校园的宁静平和，也在教师身上堆积了有形或无痕的千头万绪。如此境况下，再去要求一个教师修炼自身、追寻成长，似乎无异于在焦煳的柴上浇一桶既不近人情也不切实际的油。也正因为如此，这两年来发生在我身上的哪怕是微小的突破与改变，都会让大家觉得不可思议。

置身同样的教育舞台，应对同样的教育忙乱，你哪来的时间每年啃下近百本书呢？都是教育一线的砥柱，都要应对一致的无可奈何，你又在什么时候去写作甚至著书呢？在精细管理的束缚中，在教育考评的桎梏下，你怎么还愿意耗费心力去带动别人成长呢？……好友的一个个疑惑，既是描述又是探问，既有感触又有不解。我不由得想起作家赵曾良曾经说过的话：你明明觉得自己很忙，一直在做事，但什么改变也没有发生，什么问题也没有解决，除了你本人感觉很累、很绝望。

"有没有想过，有些事我们可以置之不理，有些忙乱我们可以随手抛开？"面对友人的牢骚，我试着提出自己的看法。"哪有那么容易？体制有体制的规定，学校有学校的要求，职业还有职业的操守，你开玩笑的吧！"这一刻，大家纷纷说道，瞪视我的眼神如同看着一个不食人间烟火的外星来客。

"既然每天已经被工作拖累得不得喘息，又何必逼着自己下班后再去做两三个小时的志愿服务呢？""做志愿服务能获得诚信分，分数要计入学校年终考评的呀！""明明感觉很多凑聚无趣、无味，甚至还可能生出是非，为什么不去拒绝这种时间的浪费呢？""人在社会混，总得有个圈子，单位不也是个小社会嘛！"……几番对谈，问题的症结便清晰地浮出了水面——有时候，不是形式主义消散了我们自身的能量，而是太多的人没有自己的坚持和辨别，没有自己的规划和方向，哪里有声响朝哪里移动，哪里有看得见的"实惠"朝哪里狂拥。也许无趣和无奈的从来就不是这个世界，而是我们太多的人没有坚持那些有趣、有能量的活法而已。

在这一点上，我还算有比较清醒的审视：我的职业是教师，研究学生、研究教育始终都应该是我的方向；考核与考评的现实我需要面对，但完全可以通过写出有价值的教育论文或研究课程课堂来实现；学校小范围内的量化可能离不开锱铢必较的考核分数，但教育大田园里的精彩却只依赖于自身的素质和能力……价值观决定行动，行为决定结局，因为在教育生态的杂乱中我始终葆有甄别意识，有明确的目标朝向，有固守的底线坚持，所以才能渐渐蜕去忙追乱逐中的粗糙，不断成就自己立身教育的精致，最终以精彩的绽放完成对自己的成全。

许多老师最关心的是这样一个问题：如何才能在时光的凌乱中熬煮出属于自己的那份精致？答案其实很简单，无非是——熬得过万丈孤独，藏得下星空大海。如果你一直希望自己勇敢而真实，清醒而有方向，那么请先做个深呼吸吧，从现在起走出自己人为制造出来的粗糙，坚定地开始伟大的自我精炼之旅。

向着自己开一朵花

"世界那么大，我想去看看！"这封爆红网络的辞职信曾经在我的心头漾起缕缕微澜：从教十几年，我看见的天只是校园里的仓促忙碌，我看见的地只是教室里的鸡毛蒜皮，我接触的世界也就十几个不太健全的孩子。世界那么大，属于我的风景又在哪儿？

在做一天和尚撞一天钟的得过且过中，我既没有累积到走出去的底气，也没有攒下放弃一切的勇气。当心有不甘和勇气不足交集于我的生命中时，我只能一个人痛苦地挣扎，然后日渐沉沦。

文字——消融沉沦的温度

都说，人生的际遇妙不可言，确实如此！

2016 年初，我的那颗曾经颇有些豪情的教育之心在日复一日的琐屑磨折中渐渐失却了棱角，渴望成长却又总是无所适从的苦痛也在随波逐流中麻木起来。家人劝道："一个女人，按部就班做好你的本职工作，安安稳稳混到退休就行了，再怎么折腾也就是个小老师！"我也已经决定用"混"的状态打发自己的教育生活了。但是，两个不同的人，两种截然不同的文字，几乎在同一时间唤醒了我。

第一段文字来自邮箱，是一位编辑给我的回信。"杨老师，很抱歉我们杂志不能发表诗歌体裁的文章，但我还是细细读了您发来的稿件，觉得感情真挚，文笔不错，我更期待您能用叙事体的形式来写文。"记得不久前学校的跨年联欢会上，为了应付任务，我东拼西凑编了首朗诵词，然后又抱了颗投石入海的心随手点个邮箱发了出去。没想到，热情的编辑不但细细读了，还给予了那么多的期待与鼓励，一抹感动涌上心头。

另一段文字来自 QQ 空间。百无聊赖的清晨，它的出现令我的心怦然一动：

你有多久没写作了？还记得在日记本上写下的第一段话吗？还记得在 QQ 空间写日志的那段时光吗？还记得在各种网站上开通的那些博客吗？……我们发起三十天持续写作挑战，你什么都不需要投入，除了一颗敢于挑战自己的心！

这是一封挑战书，王维审老师希望用这样的方式唤醒教师的自我成长意识，督促教师刷新和挑战旧我、开启和激励新我。沿着这封挑战书，我又找寻到了更多类似的文字："脚踏实地，一步一个脚印走下去，收获和成长就会在缓慢的积淀中越来越高。""在追求成长的道路上，你可以眼望别人，但在内心，你只需要照亮自己。"……

这些文字是富有温度的，我麻木的心一点点地苏醒。在它们的召唤下，我也很想试试当倾尽全力后我会成长为怎样的自己。于是，我加入了由叙事教育倡导者王维审老师发起组建的民间教师成长团队——叙事者，开启了以教师专业阅读、专业写作、专业交流为常态的教育行走。

阅读——点亮教育的心灯

或许，自己骨子里一直都潜藏着不服输、不愿安于现状的特质。这种特质，让我在十几年看似安逸的蛰伏中苦痛不安，也令我在确认方向后便有了义无反顾的坚定和执着。

我的成长，从用阅读照亮前行的路那一刻开始。阿德勒的心理学力作《儿童的人格教育》便是我加入叙事者团队后共读的第一本书，也是从参加工作以来第一本被我捧读的真正意义上的教育书籍。捧起它的刹那，强大的无力感迅速地在心头蔓延，那些枯燥的近乎干涩的文字令我恹恹欲睡，那些陌生的前所未见的心理名词更是令我望而生畏。

我不想让自己还没有起跑便停滞在线前，于是，决定坦率地逼自己一把：碰见不解其意的专有名词，我会及时上网查询，不让自己的心里留下任何一个"死结"；读到难以理解的章节，我会静下心来一次次从头翻阅，用前后顺畅的衔接帮助自己走出当下的逼仄；遇到予我启迪的文字，我会反复品味，并及时加以誊抄整理，为自己的阅读留痕……

一个月下来，这本书被我反反复复啃了三四遍。当轻轻合上书卷，我发现书中的理念已于不知不觉中幻化成了头脑储存的一部分。原来，"我们之所以追求优越感，追求完美，就是因为我们本身不优越，不完美。父母或教师的任务就是把这种追求引向富有成就和有益的方向，引领着孩子们在'自卑而超越'中成长。""在孩子的成长路上，童心是最好的教育，呵护童真是我们最应该做的事！"……说不清这些句子是源自书中还是源自读书后自己的领悟，我庆幸自己没有在阅读最困难的时候选择放弃。因为，再次面对孩子们的成长时，我清晰地知道要多去看看成长背后的另一面。

从《儿童的人格教育》中走出来是困顿艰难的，但随后走向一本本书的路便顺畅了许多。每个月，我都会为自己精心挑选两本书潜心阅读，不求速度，只求深度拥有。在王维审老师的《寻找不一样的教育》一书中，我看到了一个人身处逆境却勇于打破枷锁、用文字滋养教育生命、实现自我救赎的底气与勇气；在约翰·洛克的《教育漫话》中，我悟到了健康的精神寓于健康的身体，动手能力不容小觑，奖惩分寸偏颇不得；在朱光潜老先生《谈美》的论道中，我学会了用眼睛发现美，用心灵感受美，用物我相融滋养美，用恬淡从容领略美。

远远不止这些！大量心理书籍的阅读，让我更善于透过问题的表象深入孩子内心，找寻到融入心灵、呵护成长的密码；对班级管理理论的学习，让我在与孩子们打交道时多了些智慧的思考，少了些僵硬与刻板；教育经典著作的时时回味，总能令我在一个驻足、一次回眸间有微妙的触悟与收获；哲学、文学甚至美学类书籍的阅读，让我的生命充溢着能量，面对困境时多了些淡定与从容。

著名的教育学者谢云老师曾说过："真正的教育，绝对不只有知识，不只有教材和教参，学生的成长需要更丰富的营养，也需要教师有更丰厚的素养。教师的素养从何而来？这问题或许过于宏大，但阅读，一定是最重要的'发源地'、最核心的'发动机'。"阅读照亮教育，也照亮了我自己！

写作——让教育更加慎重

如果说，阅读让我看到了教育的丰富与美好。而写作，则让我一步步走入了教育的美好。自从走上教育写作之路，我开始心怀敬畏地看待教育里发生的大事小情：一个看起来由学生造成的小麻烦，会不会蕴含关乎育人的契机或警示呢？一件小事情的顺利解决，可以带给自己什么样的教育思考或启迪呢？一场有心或无意的对话，又能触发多少感触或领悟呢？一个个大现象或小背景里，又可以挖掘出哪些独到的见地或深刻的自省呢……可以说，教育写作不仅让我有了更加敏锐的教育观察力、思考力，也让我学会慎重地对待教育生活里的每一件小事。

班上的铭是一个邋里邋遢、爱欺负人、好贪小便宜的男生，一直都不那么讨人喜欢。有一个周末中午休假，铭的爸爸迟迟不来接他。在带着铭去食堂用餐的过程中，我发现他紧紧地把馒头握在手里不吃，只不停地往嘴里扒拉菜。要是以前，我肯定会认为"他为了几块排骨故意多吃菜"。但是，教育写作让我习惯了三思而后行：多吃菜也不至于一口馒头也不吃呀！这种奇怪行为的背后会不会别有隐情？这个孩子到底怎么了？……带着几分审慎，我开了口："铭，光吃菜会很咸，你就着馒头好好吃，要是不够告诉老师！""老师，我爸爸肯定去上山干农活才来晚了，我估计他为了接我顾不上吃午饭，我想把馒头留给他。"这一瞬间，我看到了这个一向脏兮兮不讨人喜欢的男孩内心的美与善。当我表扬他"长大了，知道关心别人"后，向来顽劣的铭脸上竟泛起了羞涩的喜悦。从那之后，我提出的"怎么搞好个人卫生""怎么与他人友好相处"等小建议他都能采纳，有模有样地试着去做。后来，我把这件事写成了文章，在文章的结尾我写道：为人师者，在面对孩子不合常规的举动时更应该多一些审慎的思考和甄别。有时候，不经意间就会有别样的发现，就能催生出另一种绽放。

因为写作，我懂得了慎重对待教育；因为慎重，我一点点步入了教育的美好之地。

读与写——漾在生命里的花开

一粒种子埋在土里之后，想的也许只是成长，却会在无意之间收获鲜花和果实。我也是这样，一直在文字中慢慢行走、慢慢陶醉，却在不经意间有了自己的收获：2016 年 3 月，我发表了人生中第一篇教育文章；迄今为止，我在各类教育报刊上发表的文章已达一百余篇。随之而来的，还有杂志封面人物、特约编辑、特邀记者等意外收获。

一路走来，有种认识越发清晰：我读书写作，不是为了评比，不是为了赢得荣誉，只是为了一份持续、久远的成长。因为，在持续的读写中，我的教育行为和教育思想日趋成熟，我的教育境界和教育视野日渐开阔，我的教育觉察和教育领悟也愈发敏锐。2017 年 9 月，我成功完成了威海市名班主任的三年考核答辩，实现了从一个普通教师到名班主任的蜕变。而这一切，都是在文字的浸润下，于不知不觉中慢慢发生的。

世界那么大，总有些风景我们无法触及；教育生活那么平淡，失却了追寻总有一天我们会感到厌倦。可是，因为有颗永不放弃成长的心，无需他人成全，无需外力牵引，我用读与写的方式，就这样向着自己开出了一朵又一朵的花。

在班级管理的土地上将成长之根深扎

二十年前，当我终于鼓足勇气走进领导办公室，嗫嚅着提出"可不可以让我干班主任"这一请求时，一屋子的人都乐了："别人来都是申请不做班主任的，你这刚毕业没几天的小老师竟然还来抢……既然想干，至少要干完这一整年，绝不能半路撂挑子！"

后来的无数事实证明，在一所特殊教育学校里，"班主任"一词与荣耀、成就绝无半点关系，忙不完的吃喝拉撒睡，理不清的"你碰了我""我打了你"，家长还时不时提出诸如"把我家孩子培养成老师就行了""为什么到了你的班他的智商依然没有提高"等无厘头的要求。

因为迷茫，才有尝试

"看看你，你是差那每个月五元钱的班主任费，还是嫌生活太安逸了没有滋味？班主任是干上了，可除了忙碌，你的成长和改变在哪里呢？"朋友这番话原本是想劝我放下那个烦琐的重担，把自己解放出来，却没想到它如同烈酒一杯，瞬间把我已近板结凝固的内心泼了个通透。是呀，自己费力"争"来的班主任，难道就是用来固守老路、维持四平八稳吗？

迷茫的我，把求助的目光落到了学校年纪最大的王主任身上。王主任虽已近退休，但从她那儿，我感受到的是一种既平和又有激情、既合群又有主见的别样魅力。她以母亲般的温和宽厚给予我指点："孩子，如果只是有样学样地混日子，用不了几年，你的心就会随着年龄一同老去；如果只是满足于没有升学压力、没有考核评比的安适，你从师范学校毕业积累的老本也会被一天天吃光。教育旅程中最美好的风景，往往都在少有人走的路上！"随后，她以自己多年的阅历和观察，为我详细梳理了可以努力的几个方向——讲课比赛一定要参加，即使不能获得一纸证书，也是一种别样的历练；论文写作一定要参加，得不得奖是小事，至少也是一种文字与思维的磨砺；别人不屑去做的事不妨多做一些，那些看起来有用的东西往往来自曾经无用的坚持。

后来的日子里，每每回想起当年那位老主任的一番话，我都会感慨满满：学习得多了，见识得广了，我的班级管理方法便丰富了，面对学生问题时也更加得心应手了。更重要的是，当把所有的班级活动都当作自己的智慧修炼场，总在思考"怎么做会更好，孩子们在参与中如何能获得最大收益"时，任何活动都会变成学生成长最为丰盈的生机场；当把一个个智力残障、体能孱弱的学生变成自己的研究课题，反复思量"如何与他沟通，如何激发孩子学习兴趣"时，我的那些学生也日渐焕发出了昂扬奋发的活力。

同时，因为参与得多，有些"雨点"总会落到自己头上。五年多的时间里，我手里竟不知不觉间积累了各式各样的证书，再加上班级管理始终跟得紧、靠得上，综合排名始终名列前茅，在威海市教体局组织的第二期名班主任评选中，我竟一路过关斩将，成功入围。那些迷茫之中各种各样的尝试，那份顶住不屑和议论的坚持，最终把我这个出身环境闭塞的班主任推上了一个既开阔又有些高度的平台。

因有落差，才去追逐

如果不曾走出过学校，没有更多对比，我自然是优秀的。可一旦置身于"威海市名班主任"这样一个高端平台，听着大家侃侃而谈的全是先进的教育理论或自成风格的班级建设之道，巨大的落差一下子将我笼罩起来——原来，即便走入了这个圈子，我也只是一个刚从闭塞的井中跳出来的"蛙"而已，他人身上的每一份精彩，于我这个来自特殊教育学校的班主任而言，都是需要奋力追逐的高度。

好在威海市教体局严格的培养和考评机制给了我一个可以重新起跳、再次追逐的机会。而我，牢牢抓住了机会。

在华东师范大学举行的"威海市名班主任"专题培训活动，是我第一次参加的班主任专题培训。那些让我膜拜的专家名师的样貌在我的记忆中已经模糊，那些深深触动我的观点理念也已经淡去，但当时一位心理学教授所讲的这番话却深深地印在了我的心里："为什么师生之间总是横亘着条条沟壑，为什么班级管理中那些生涩之音总是那么难以消除，归根结底，还是我们摸不透孩子的心。"在这种理念的指引下，我不断自我反思，才发现除了拼体力熬精力，除了以时时在场来保证一切无恙，除了搬来别人的架子搭筑自己的教育田园，我这个班主任并不曾真正地从心理学的角度去解读孩子们的成长，因此有时根本读不懂他们的所思所想。

当意识到自己在班级育人中最大的障碍是心理知识的匮乏后，我开始启动生命能量的小宇宙：先是好一番苦读，报名参加了心理咨询师资格考试；当发现一纸证书的获得并不意味着教育技能的提升，也并不能和孩子们成长的心灵有效连接后，我又毅然背起行囊南下北上，学习最先进的沙盘游戏疗法、曼陀罗绘画治疗、戏剧疗愈等心理实操技术。

"你是不是傻？自己掏巨额的学费东奔西跑，值得吗？"身边的朋友不解地问我。"还是值得的，我的收获应该是金钱买不到的！"这绝非浮夸的回应，而是源于内心真实的体验。在一场场心灵之约中，我越来越善于透过寻常的生活细节捕捉学生成长背后的故事，越来越懂得用一些小小的沟通技巧"俘获"孩子的童心，也能越来越平和、越来越自信地漫步于自己的班级管理之路上。

在这样的行进和追逐中，我成长着，收获着。我的学生因我的关照关注而摆脱了焦虑趋于平和，孩子们因积聚而沉抑的情绪在心理干预活动中得到了宣泄，紧张的家校关系更因我悉心的指导而变得和谐。

因为不甘，总是找寻

班上的一个男孩家庭贫困，别人吃零食时他只能眼巴巴地看着，那种眼神刺得我心疼。我曾经兴冲冲地跑去超市为他买了很多食品，可孩子连连拒绝。同事告诉我，这样的孩子又馋又要面子，不用理他。可我却觉得一切没那么简单，在用写作把这一微小事件呈现后，我似有所悟，当即换了种方式，把那些零食变成孩子们活动的奖品，小男孩马上欢喜地领走了属于自己的那一份。寻常的教育事件，转换成文字后给我的启迪是巨大的：原本我以为，爱是需要被高高捧起才能温暖他人的，可是，小男孩的故事却告诉我，有种爱，适合捧起来变成阳光，映照每一颗焦渴的心灵；而有一种爱，只有低到尘埃中，方能流淌出脉脉温情。随后的教育生活中，无论是与孩子还是家长打交道，我都会三思而后行，避免把善意的呵护变成对自尊的损害。

我在持续地读与写中不断成就自己。五年时间，四百多篇和班级管理相关的教育文章发表，个人专著得以出版，多家教育媒体对我的成长故事进行报道……这一切的一切，都是不断磨砺后结出的果实，都是坚定朝向后丰盈的收获。

因为不甘沉沦，因为总在找寻，因为咬牙坚持，所以我不曾荒废自己，也不曾辜负岁月。那一段打磨时光，最终为我确立的是职业成长基底和生命发展朝向。

因有思考，总在攀登

2018 年，在第二届全国中小学教育名家工作室论坛上，我所作的"一个人的突围，一群人的成长"专题分享如同一把火，瞬间点燃了整个会场。那个时候，我已经沿着教育阅读和班级叙事写作这条路，从一个人发展成了一支队伍。"雪梅读写团队"的成立，源于捕捉到了很多一线老师同我当年一样，渴求成长却又无所适从，想要追求理想却又找不到方向，于是，我把自己雕刻成了成长样本，把自己的蜕变经历化作了成长动力，带着大批草根老师走上了追寻自我、成就自我的道路。

因为成长迅速，我带领的团队得到了《中国教师报》《教师博览》《当代教育家》等多家顶级教育媒体的关注和报道，在很多人看来，只要按部就班地往下走就行了，可我不曾忘记初心："我最喜欢研究的还是班级和学生，我应该引领老师们也去关照班级建设和学生成长！"有了这个想法以后，我确立了"雪梅读写团队"新的行动目标——成立班主任工作室，以研读研写研行的模式继续刷新自我，成就学生成长。

仅两年时间的运作，"雪梅读写团队"班主任工作室便迎来了近两百篇的丰硕研究成果，引发了新一轮的关注和机遇：策划的几期"疫情"话题经过深研整合做成了专项研究课题，并通过了山东省教育科学规划办的鉴定顺利结题，作为上级教育主管部门的威海市教体局，更是以每年十万元资金的大手笔助力工作室的建设和发展。

一名班主任生命成长的力量到底来自哪里？就自身而言，我无法改变周围的环境，无法改变别人的行为，唯一能改变的就是我自己。当我始终带着一颗勇敢的心上路，不断地去尝试、追逐、找寻、攀登后，才发现，只要愿意，我的生命之根可以永远深扎在班级管理那方土地上。

三段追随，三种蜕变

"一个特殊教育学校走出来的班主任，怎么就能成长得那么快呢？""起点那么低，你为什么爆发力那么强呢？"对于我的成长故事，很多人都充满了好奇。

仔细回顾，自己短短几年间快速成长起来，原因很多：有重压之下的强力反弹，有认定目标执着前行的韧性支撑，有坚持通过读写自我提升的常态行走，这些都是主观上的努力。其实，还有一些客观层面的际遇同样影响着我的生命进取状态。

一

从事特殊教育的我一度处于个人成长迷茫期，我不知道在一片贫瘠中自己能做些什么，成长的突破口又在哪里。听闻《班主任之友》笔会将于曲阜召开，从未出过远门的我背起行囊，便贸然地去赴会。那一年，两个人，两番际遇，改变的是我挺立于教育中的姿态。

晚间的沙龙上，北京教育科学研究院的退休教师王晓春讲起了他自己的一段成长经历：在学校里，当别人在家长里短的闲聊中消磨时光时，他一次次将书和笔作为自己最亲密的伙伴，从不理会别人的指点非议，他说："说够了，他们自然就不说了！"他也从不在意"王晓春有病"这样的中伤，他说："总有一天，那些人会连我的背影也望不到！"我第一次意识到，原来，只要想成长就永远都有路可以走；原来，即便身处荒野，我也可以通过阅读和写作来让自己成长。那一刻，迷茫中的我拨开眼前的迷雾，看到了自己成长的另一种可能。

另一番触动来自李家成教授，他在《在现在，播下未来的种子》的报告中说，当下班主任工作，理论层面令人担忧，实践层面又迷惘重重，但我们却可以在当下埋下实践创新的种子，以不断拓宽的教育视野、不断生成的实践智慧、不曾停滞的理论建设，让班主任专业发展有着更加美好的朝向。一番话，安抚的是我那颗为孩子们难有成长、为班级管理难有建树而焦躁的心。在班级管理中，我开始用文字梳理琐碎，用思考丈量脚下的路，用长远的目光审视成长；我也开始相信，我播下的种子，早晚会开花，不是在现在，就是在未来。

二

2017 年的常州笔会，当我站在时光的节点上回望过去一年所走的路，才惊觉，自己竟有了飞速的成长。带着上一次笔会的思考，我潜心阅读，专注于用文字思考教育；我不断尝试，持续让耕耘在笔下开花。近百篇教育文章的发表、杂志封面人物、特约记者、专栏策划等做梦都不敢想的机会，就那样在猝不及防中纷纷降临。而且，我也顺利地通过了威海市名班主任的考核。回首来路，我深知，是曲阜笔会，开阔了我的教育视野，明晰了我的教育方向，让我有了自我成长的底气。

常州的夜是温情的。车次原因，到站时已近深夜，万万没想到的是，好几位编辑还在那里候着。何星编辑笑着迎上来："你是杨雪梅老师吧！"我一怔，感动之情油然而生，杂志社的编辑给了我灯火下最温暖的守候。

常州的夜也因为陈雪娇编辑的陪伴让我有了别样的收获。她告诉我，杂志看中的不单单是老师的文笔，更看中一篇文章是否有深度的思考，是否在做法上有可行性，是否能给读者以某种教育启示；她鼓励我，虽然特教的文章受众面窄，但多写多投，才知道差距在哪里；她还对我的文章提出了非常中肯的修改意见……我的教育写作，开始将思考指向纵深处，也开始带有浓浓的人性关怀。

三

2018 年，我的身份发生了微妙的变化。在我的身后，站立的是一个团队和几十颗渴望成长的心。

二十个人，从山东半岛的最东端浩浩荡荡地奔赴了南京。会场上，我看到的是我的团队成员们无比专注的学习态度：他们说，这样的心灵洗礼好多年没有过了；他们说，走出来才发现自己的班级管理就是低着头拉车，早就忘了抬起头来看看前方的路；他们说，在这样的一场视听盛宴中，自己已有了全新的成长方向，要做学生心灵的"点灯人"……还有很多人，已经迫不及待开始期待下一年与《班主任之友》的倾情相约了。

这次笔会，再次见到了吴非老师。老人家掷地有声地告诉我们："教师应当有智慧，否则他的工作很难有价值，这智慧就来自永不停歇的学习与充电。"他还说："一个学校最可怕的状态就是，一群愚蠢的老师在辛苦地工作。合格的班主任必须具有独立思考的精神，绝不能人云亦云。"想起了之前读吴非老师的书，我曾经随手敲打下了这样的文字："希望自己能够在教育田地里植两株玫瑰。一株植于学生的心田，以爱为根，以良善为枝干，以感恩、悲悯的情怀为芽叶，让独立自由的思想在心灵之树上开出富有人情味的花朵；另一株我会植于自己头脑间，用阅读去滋养它，用思考去浇灌它，用笔间流动的清泉为它涤去这漫天风沙中积下的尘土，然后等着它热烈地绽放。"2018年南京的盛夏之约，更加坚定了我植下心间玫瑰的信念，我相信当它盛绽之日，我便具有了专业自主的意识，形成了自己独特的教育理念，找寻到了专业研究的方向，而不是做人云亦云的应声虫。

三次出走，三段追随，三种蜕变！与《班主任之友》的缘与约，开始了，便不想再错过。

让教育生命拥有随时启航的动力

美国杰出的人本主义心理学家卡尔·罗杰斯在《论人的成长》一书中指出，"对我的生命来说，必须尝试新东西。"借由这一点启示，我也想通过几个鲜活的事例，与所有的班主任们好好再细致地聊一聊成长时机这个话题。

一

我曾是一名特教老师。2016 年的元旦，站在那个特别的时光交接点上，我突然被自己十七年来一成不变的教育生命状态震惊了：人已近四十，真的要不思改变、颓至终老吗？习惯了随波逐流，我还能够重拾一颗活力满满的心吗？错失了大好年华，我的"折腾"还能漾起什么涟漪吗？

后来的无数事实证明：只要内心启航的动力不曾丧失，任何向前迈进的一步都或许是出人预料的精彩。

2016 年到 2018 年，囿于特殊教育闭塞环境不再期待外力会给予任何支持的我，开始了艰难的自我挣脱之旅——缺少学习的平台，我便买来大量的专业书籍，通过阅读不断提升自己教育思考的站位；缺失自己的教育主张，我就用文字思量梳理，把零星疏散的想法慢慢归结成具有参照意义的篇章；没有开阔的教育视野，我则自费外出学习，以积极而又谦卑的姿态努力扩大自己的世界。

在别人看来，我的收获无非是一篇又一篇的文章见诸报刊，无非是一张又一张的稿费单纷至沓来，可我知道，远不止这些。"我们在杭州有活动，要不要试着写一写工作坊的现场纪实？"面对主办方的邀请，我这个文字场上的初生牛犊毫不犹豫地冲了过去，到了现场才发现自己对怎么"纪实"一无所知。"我们人手不足，有个长篇人物专访稿急需尽快弄出来，你正好放寒假，能不能帮个忙呢？"面对杂志社火急火燎的请求，我很痛快地接下了任务，直到着手才为自己的鲁莽接单感到害怕：完不成任务怎么办？交不了稿子怎么办？……为了不负那些信任与重托，我一次次重新学习，一遍遍自我启动，最终，在一轮又一轮崭新的生命体验中，我收获了别样的成长精彩，发现了自身可以永远涌动的能量。

2019年于我而言，意味着更艰巨挑战的开始：一个普普通通的一线老师，走到了教育研究与教师培训这个专业性极强的工作岗位上；一个人轻车熟路的读写成长之旅，因后面绑定了一个团队而不知该何去何从；一个特殊教育出身的班主任，要努力带着一群普通中小学班主任去经营工作室。家人曾劝道："其中的任何一条对咱来说都是极大的挑战，现在你还要三管齐下，放弃吧！我们从来就不指望家里出个能人或名人……"

尽管一辈子固守在教室里带着十来个特殊孩子同样也不缺乏职业

的意义，但我认为一线教师成长的高度并不限于教室。"难道我不能把自己的成长蔓延，使更多的学生因我的成长、老师们的成长而受益吗？"这些考量，最终都转化成了我的行动：重新开始，边研究边行动，边学习边引领。

当自己在教师培训工作中扎扎实实地做了一些探索和改革后，当在读写团队建设中看着大家的读写成果挂满枝头后，当班主任工作室培养出了一个又一个领军人物后，欣喜之余，我亦庆幸：敢于自我挑战，敢于不断启航，才最终有了荣成教育土地上更多美好的绽放。

二

如果说，我的不断蜕变、不断超越，是迫于环境逼仄，是源于对时光的抗争的话，那么王迎军老师满可以心安理得地等着退休。

她是一所初中学校的班主任，儿子上了大学，自己也早已评上了高级职称，这样的老师算得上妥妥的人生赢家了。

2017年9月，我在荣成市做了一场题为"读与写——向着自己开一朵花"的专题讲座。结束后，王老师走上前来："能不能加个好友，希望您可以推荐几本书给我！"在不多的交流中，我了解到曾经的她也在某个论坛开过博、写过文，只是"一个人的坚持有点难，最终遗憾地放弃了"。后来，荣成市教育教学研究中心成立了由我担任导师的青年教师读写团队，由于离"年轻"二字有些遥远，她又一次当了旁观客。

2018年元旦，当得知我要彻底放弃原来由官方发起的青年教师读写团队，自己选成员重新组建团队后，王迎军老师第一个报了名。

"这个机会我盼了好久了，现在想来都感觉像个梦，虽然年纪可能不饶人，但我依然想试试这种坚持的力量……"在团队成立仪式上，她眼含泪光说道。

一本本书地追读，一篇篇文章地锤改，凭着不懈的韧劲和丰硕的收获，王老师硬是走到了队伍前面。如今的她，在坚守班级管理工作岗位的同时，还主动承担着"雪梅读写团队"琐碎的管理工作，提醒大家每个月该读什么书、每个周别忘了提交作业，帮助青年教师修改文章进行成长指导……

"人生的成长之路没有终点，我多么想将这种不断追寻、不停蜕变的状态永远地保持下去呀！"其实，我一直都坚信，王老师有着强大的自我保鲜能力，只要愿意，每一刻她都可以自我发动并启动别人。

三

车英老师是我当年在荣成特校的同事。她的成长经历，或许最能将"随时启动"四个字诠释得彻底。

工作之初，音乐专业毕业的她为了解决所在初中主科教师不足的困境，不得不改教语文，她逼着自己边学边教，很快就成了把教学好手。两年后，因工作需要，她又被调到特校负责文艺工作，入职后她自学手语，不断找寻方法走进残疾孩子的心灵，干得风生水起。

四十岁那年，一直担任学校文艺工作的她主动找到领导，要求做班主任。显然，这样的进取在大多数人看来实在是太迟了。曾私下里问询过原因，她说，厌倦了教了半辈子书却没有亲近过学生的感觉，我想试一试。我听了心头一震，这样艰难的重启，需要多大的决心啊！

离开特校后，我带着自己的读书写作团队走得风生水起，她忙于任教班级那一亩薄田里的耕耘打造，彼此之间鲜有交集。直到荣成市第三届"名班主任"评选，我在淘汰名单中发现了她。"这把年纪怎么想起来参评了呢，就是入围了也没那么容易拿到一纸证书……"话音未落，她就急急地接过话茬："我其实就是希望能有一个机会多学些东西，我不想过坐井观天的生活，我很想知道外面的教育世界到底什么样！"她的迫切，没有人比我更能感同身受，那些闭塞而困顿的时光，何尝没有熬煮过曾经的我！

"如果，你愿意从现在开始坚持阅读，坚持用笔反思，坚持用行动自我照亮，你可以试着跟我走，我现在正好负责班主任培训工作，很愿意带动那些渴望成长的人。只是，这样的跟随首先需要熬过一段充满苦和累的孤寂时光，你可以回去考虑一周，但凡有丝毫的犹豫，都不要来找我！"虽然捕捉到了她的迫切，但我不相信同一所学校里能冒出第二个如我这般充满韧劲的人。"不用考虑了，我就跟着你！"这是她当时的回答。

以班级活动为载体，帮助残障孩子开启心智；以"雪梅读写团队"班主任工作室的志愿服务团队建设为抓手，将自己所能散发的光亮四处播撒……在后来的日子里，我竟真的时常有恍惚之感，这个在我前面快速蜕变、飞速成长的车老师，到底是她本人还是另一个我？

许多人好奇我个人以及工作室的老师们何以能暴发式地成长。在我看来根源就在于，我们为自己葆有了随时启动的能力，在坚持之中不断自我刷新，自我超越！

找到班主任专业成长的"燃点"

通过交流，我发现专业成长这个话题让班主任深感困惑：一是找不到成长方向，总觉得所处平台低，缺少外力的托举和引领；二是没有促进成长的氛围，每天周旋于繁杂琐事之间，没有时间思考专业成长问题。

我当班主任十六年，常常思考这样一个问题：班主任专业成长方向不明、动力缺失的根源在哪里？是行政层面对班主任专业发展不够重视？显然不是。以我所在的荣成市为例，每年有专项拨款用作全市教师的培训经费，其中班主任的专项培训经费占相当大比重。那么，是培训过程中出现了重实践操作轻理论引导的偏颇现象吗？也不是。无论是培训的顶层设计，还是切合教师发展进行的教学改革，都是站在理论的高地助推实践行进的。

那么，造成班主任专业发展"推而不进""促而不长"的原因是什么？我认为，症结在于以行政力量自上而下地推进方式。这样推动固然便于落实政策和实现目标，却忽视了班主任专业成长的关键因素——自我成长需求，即班主任自我成长的意愿有多强烈，行走下去的动力就有多坚决。

基于以上思考，我尝试开启一种自下而上的"燃点式"成长模式，打造一个小型的班主任成长共同体，引导一部分骨干班主任有针对性地研究班级建设问题，先行成长起来，再以共同体为圆心慢慢向外扩散，吸引更多班主任主动参与。

2018 年，我以教师自愿报名的方式吸纳十六名学员，成立了班主任工作室。支撑我这样做的理由有三条：第一，我曾经是特殊教育学校的班主任，良好的成长平台和机遇曾是我遥不可及的，不服输的钻研劲头和一路向前的执着精神最终让我从闭塞的环境走向了更重要的工作岗位，这对许多成长平台比我高的人来说是强大的推动力量；第二，在带动学员成长过程中要求他们做到的，我身体力行，执着打拼的样子成了大家奋力前行的样本；第三，我个人需要经常外出讲座或参加各类研讨活动，每当有这样的机会我都带领工作室学员参与其中，因此这批教师在问题审视方面将拥有更广阔的视角和更深透的思考。

在我的带动下，班主任工作室学员迅速成长起来。但这并不是终极目标，我希望他们能凭借先行成长起来的优势，在各自的学校、学区发挥积极的影响，推动更多班主任的专业成长。因此，我鼓励工作室学员"单干"，根据学员意愿，将其中十二名学员所在学校发展为合作实验校，分别组建班主任成长共同体，十二名学员成为所在学校的"首席班主任"。我结合每位学员的特点和优势，从总体上对各个成长共同体的发展进行方向规划和行动指导。

在我所带领的班主任工作室学员的"成长点燃"下，故事德育研究、班级管理小点子研究、特色乡土阅读品牌研究、传统渔耕文化研究等，也成为不同学区班主任成长共同体的发展特色。以研促学、以研助长已经成为点燃班主任专业发展热情的强力"火苗"。

　　班主任专业成长的关键在哪里？毫无疑问，就在每一位班主任的认知和行动中。心若动了，自然会迈出成长的脚步。

寻觅引领班主任主动学习的起点

专业成长，贵在行动。但这种"动"不是盲干、蛮干，必须有坚实的后盾支撑和支持，而持续的学习和反思就是班主任专业成长的强劲基底、得力"靠山"。那么，班主任可以通过哪些渠道实现持续学习和反思呢？

在对一线班主任的学习状态调研时，我发现班主任的学习总是被牵着走、推着走、拉着走，力在外部。学习结束后，班主任也往往是跟着任务、要求走，是被动实施，没有目标和方向。这种由外力推动的学习很难促进个人成长，人最需要的是主动学习、主动思考。多年来，我寻寻觅觅，以期找到那个能引领班主任主动学习的起点。

回顾自己以及所带领的班主任工作室学员的成长历程，不难发现，我们的成长都有常态化阅读的支持。不夸张地说，是阅读帮助我们推开了成长之门，是阅读后的思考让我们找到了专业发展方向，是阅读帮助我们不断修正实践，让我们在专业成长的路上做得风生水起。

其实，"阅读是最好的学习"的道理尽人皆知，不少组织和学校都曾试着推动教师进行专业阅读，但往往"雷声大雨点小"，最后不了了之。研究后我发现，不论哪个层面的阅读工程，选书的指向固定在了两个维度，要么希望教师读后就能提高教育教学水平，要么希望用理论知识尽快填充教师贫瘠的大脑。这种不考虑个人"胃口"和接受能力的荐读，自然难以吸引教师。

如何把教师引到阅读这条路，如何重新激活他们的状态，变"被动阅读"为"主动阅读"？如何做到读研结合？这需要引领者花费大量时间研究。

有一年暑假，我带领一批年轻班主任外出参加培训，他们对特级教师李虹霞分享的打造"幸福教室"的案例很感兴趣，我便顺势介绍了更多"幸福教室"的故事，并将记录了这些故事的图书《创造一间幸福教室》推荐给年轻班主任阅读，不着痕迹地将他们的注意力转移到了阅读一本书上。

开学一个多月后，我收到了大家的反馈。有人发来受李虹霞启发而改造的教室的照片：图书角小巧精致，几个孩子席地而坐，专注地读书，几盆绿植把教室装点得温馨典雅。有人发来自己的思考：原来环境也能滋养人，只有学生参与布置的教室才会成为他们成长的家园。还有人从中感受到了阅读的滋养：教育书籍也可以如此有情趣、有滋味……隔着屏幕，我都能感受到老师们的热情。

后来，当这些班主任带着更多"教室里的成长之惑"向我求解时，我便推荐他们阅读雷夫·艾斯奎斯的《第 56 号教室的奇迹》、简·尼尔森的《教室里的正面管教》等书，一步一步将他们的阅读向更经典、更专业的方面延伸。有些曾经一谈阅读便犯困、一聊班级管理便跳脚的老师，开始追着要我推荐更多好书和外出学习机会。对他们而言，成长在不知不觉间成了主动的生命追寻。令人欣喜的是，这些班主任通过阅读成长起来后，在班级管理、文化打造和活动设计上都用了心思，引来其他班级学生的围观。而学生的行为也倒逼其他班主任改变自己。

这次小小的成功让我意识到，对班主任学习能力的引领最重要的是抓住教师心中那个微妙的情感反应点，先利用这个点将他们引到路上来，让他们在行走中慢慢找到方向。比如，有的班主任抵触学校领导指定阅读书目的做法，认为读书这件事加重了自己的负担。如果换一种方式，效果则会不同。比如，我会留心相关方面专家的活动安排，然后告诉老师们，自己可以悄悄地带上三两个人去蹭课，有人就会觉得这个机会宝贵，那当初抵触的阅读也就变得亲切起来；有的班主任班级管理的某种做法不错，我在评价时会说"你真是一个善于学习的人，能把作者的理论和观点领会得这么透彻"，后续有老师真的会按照我"不动声色"的指引开始主动学习……

觅一条路，引领班主任主动学习其实也没有那么难，只要引领者懂其心，就必定能让老师们动心，我愿做他们成长路上那个研究心灵、撬动心灵的人。

做引发班主任思考的"抛砖人"

　　审视相同成长环境下班主任参差不齐的发展现状，我常常追问：是什么原因促生了如此悬殊的专业成长"众生相"？

　　一次偶然的机会，我发现了两位在同一场域参训的班主任之间的差别。同为学校骨干教师，对待学习同样专注而严谨。休息时，一位班主任依然奋笔疾书，把拍下来的PPT一字不落地整理记录，她说："这些做法我从来没尝试过，每一条都很实用。"另一位班主任在本子上列出几个条目，稍有空闲就与我探讨培训导师的做法并提出自己的意见，而他的意见也常常让我眼前一亮。

　　两位班主任的差别不在学习态度，而在于是否进行了反思。没有反思的学习是无法转化为成长动力的。

　　当下教师培训常常陷入一种误区，就是把教师专业发展局限于信息的获取，把精力集中在知识和技巧的掌握上。许多班主任甚至"一厢情愿"地认为，只要增加专业知识、提升管理技巧，班级管理的效果就会得到改善，学生的成长面貌就会焕然一新。这种想法忽视了班主任专业成长中最重要的因素，即只有通过转化，学习才能影响实践。

人类并非从经验中学习，而是从对经验的反思中学习，促进班主任专业成长的学习亦离不开深度反思。所以，在班主任专业发展中，没有什么比把时间花在反思上更值得优先考虑的了。

可是，每当与班主任谈到"反思"的话题，不少人表示没时间或不知道如何反思。面对学员看似活跃，实际被动忙碌没有方向的状态，我意识到要引出专业反思这块"玉"，需要有人先抛出值得思考的那块"砖"。

2019 年寒假，不少班主任都在朋友圈"晒"自己带学生参观博物馆的照片。但是，走进博物馆就等于有所触动和收获吗？于是，在全市班主任培训群中，我抛出一个话题："在参观博物馆的活动中，班主任如何做才能将厚重的历史与德育活动有效衔接？"

一石激起千层浪，有的班主任幡然醒悟，原来参观和育人是密不可分的一个整体，自己只顾着"观"却忘了"育"；有的班主任冷汗直冒，参观过程中自己一路严盯死防，连学生看了什么都不知道，感觉像是领着学生去博物馆凑热闹；……此时，大家才意识到，作为活动的组织者、成长的引领者的自己都一无所获，又怎么能期待学生受到熏陶和感染？当我把"如何与班级德育有效衔接"这个问题亮出来时，他们才真正开启关乎成长的思考，有的班主任甚至买门票重游博物馆，只为明确在博物馆这样一个场域里，能让学生感受什么、收获什么。

当班主任带着深思审视这个话题时，便对如何实现由"博物"到"博悟"及牵好那条引导学生成长之线，有了更多切实可行的想法。有的班主任认为，要想有效育人就不能打无准备之仗，参观前厘清

"观什么、怎么观"的问题，才能避免流于形式。而这需要班主任做一名富有前瞻性的引领者，自己先要看得远、厘得清。有的班主任认为不能浮于表面，要抓得住博物馆藏品的"亮点"，而这需要班主任具有一定的专业能力，才能赋予藏品以生命。还有的班主任认为，参观结束后不能匆匆结尾，要让学生进行交流，比如组织一次交流活动，让学生的观点自由碰撞。当学生的思辨热情被点燃，思考和辨识的能力自然会提升。

其实，班主任的反思不仅可以围绕活动组织展开，每一件小事都是思考的契机。我曾无意间看到一位家长在班级群中无端苛责班主任，便果断将"如何与不讲道理的家长打交道"列为研讨主题，通过群体交流引导班主任找寻应对之法；与一位班主任聊天，他说起班中学生喜欢搞小团体，于是我便抛出"怎样将班级中的小团体融入大集体"这块"砖"，鼓励学员主动思考，在探寻问题本源的过程中找寻化解契机。

就这样，从班主任专业成长到学生关系维护，问题被我一次一次以扔"砖"的方式抛出来，推动学员在具体问题的研究和解决中向专业发展那块"玉"一步一步靠近。面对教育中类似的寻常问题，当班主任能以审慎的态度步步反思时，行动便会朝向明亮之处。

绘好专业发展的 "规划图"

班主任专业发展需要内在动力的 "点燃"，需要以学习促进实践的提升，需要用更多思考优化实际行动，但班主任专业成长还需要另外浓重的一笔，即成长的战略蓝图。

为了绘制一份指向需求、注重实效的班主任成长规划图，我回顾自己近二十年的班主任生涯，同时在承担原有师训工作的基础上重返班级管理一线，以双重身份为班主任专业发展出谋划策。恰是这段既立足高位规划成长，又基于实践反观来路的经历，让我在班主任培训机制和路径方面有所创新。

在班主任培训机制方面，探索多方联动模式

大多数班主任培训项目采用顶层设计推动、基层参与执行的模式，这种模式在管理上易操作，但培训内容以通识类为主，难以照顾个体的不同胃口。因此，我努力打造既能立足本土实际，又能观照个体差异的培训模式。

一是建立本土资源与外请专家相结合的培训机制。以省市级优秀班主任，威海和荣成两级名班主任为骨干力量，组建本土专家资源库。同时，将每位班主任教授的学段和研究专长进行标注，方便学校和班主任根据需求精准"下单"。

我自己的成长经历表明，基于相同成长目标构建的小型成长共同体具有较强的凝聚力。因此，我鼓励名优班主任组建自己的品牌工作室，就班级管理的某一方面深入研讨、学习。在这一机制的推动下，大部分班主任从迷茫无措的状态中走了出来，找到了前行的方向。

本土名家接地气的培训确实能够助推班主任的专业发展，但囿于视野不够广、站位不够高，这样的培训于班主任专业发展而言显然是不够的。因此，我对标全国各地优质教育资源，探索区域班主任培训与教育研究机构、高校、名家对接的模式，借助丰富的资源为班主任专业发展拔高。

二是建立专业标准与个性发展相结合的培训机制。我将教育部颁发的《中小学班主任工作规定》进行细化，并结合本地实际情况形成了适合全市班主任专业发展需求的标准体系，作为开展班主任培训工作的底线标准。

我们都知道，班主任专业发展既离不开专业素养、沟通技能的支撑，又需要个性化的引导，我便倡导全市班主任在行走中主动寻找成长的突破点，扬长避短、以点促面，让专业发展基于共性也能成就个性。

在班主任培训路径方面，更加观照个体差异

面对当下班主任专业发展现状，上层规划改进多是从增加培训时

间、提升培训档次、强化培训考核等方面入手，似乎唯有量的积累才能催生质的改变。但事实并非如此，仔细观察不难发现：量的叠加与质的转变并不存在必然关系。我认为，忽视了不同群体需求的差异才是导致培训低效甚至无效的关键所在。

因此，在立足高位为班主任专业发展进行规划时，我摒弃了以往被经验和常规牵着走的做法，以班主任专业发展项目为抓手，通过开展班主任系列主题培训、专题培训，确立"培训、培养、培育"三位一体的发展思路，探索"新手班主任—成熟型班主任—名优专家型班主任"的梯级培养路径。

以新手班主任专业培训为主的"青蓝工程"，重点观照任职不超过五年的班主任群体，通过基本素养提升、班级管理技能答疑、家校沟通技巧探讨、教育阅读和写作等"基底"培训，促进班主任尽快适应自身角色。

以成熟型班主任专业培养为主的"蔚蓝工程"，培训对象为班级管理经验相对丰富且处于自主成长期的班主任群体，重点关注其管理、育人等能力的改进和提升，通过系列定向培训帮助他们突破成长的瓶颈，梳理工作经验，进一步明确专业发展方向。

以名优专家型班主任专业培育为主的"深蓝工程"，培训对象为市区级优秀班主任、名班主任，重点关注名优群体专业素养的提升和教育研究能力的培育，通过压担子、引路子、架梯子、搭台子等措施，一方面督促他们积极发挥传、帮、带的作用，另一方面通过引领他人推动自己不断向前。

不可否认，班主任压力大、工作忙，要想从繁杂与忙碌中挣脱出来，基于能力提升的专业发展是根本。因此，班主任专业发展的规划者和设计者既要立足根本，为班主任专业发展的主脉络供养，又要立足顶层绘好专业发展的规划图，最终让班主任发展的专业之"干"向上攀升，让成长之"根"朝下深扎。

当下教育发展中，大家似乎都有这样的共识——对学生心理关注的缺失以及学生心灵发展的失衡是导致各类成长问题出现的根源。但在具体的教育实践中，教师尤其是班主任老师的专业能力又严重不足，主要表现在以下几个方面：一是不具备敏锐的问题意识，对教育生活中微小却异常之处不能主动察觉；二是自主学习探究的能力不足，个人成长全靠外力助推，面对问题时以被动应对为主，缺少追根溯源主动发力的智慧；三是对儿童成长的复杂性缺乏认识，惯于凭着经验去解读孩子，处理问题；四是专业能力亟待提升，对问题的处理知其然却不知其所以然，不能形成予人参考的理性经验。

始于读写，成于育人

　　成长最初，渴望改变的我深感在特殊教育这个相对闭塞的圈子里很难找到支撑和引领，于是在前三年的时间里，我便只做了"教育读写"这一件事。最初，是我一个人的坚持，林林总总发表了两百余篇文章。

　　2018 年元旦，我把一些听过我讲座后再三表示要跟随我一起成长的老师汇集起来，成立了"雪梅读写团队"。一年时间，在我非常严格的"每月共读一本书、每周至少写一篇文"的要求下，团队依然发展了四十多名成员，在各类报刊发表了两百多篇文章，《中国教师报》也以《荣成雪梅读写团队：用成长陪伴成长》为题，对团队教师的快速蜕变以及我们朝向学生开展的公益读写指导活动进行了专题报道。

　　《中国教师报》的采访时间是 2019 年元旦，记者离开后，我却陷入了沉思当中：只是带着老师们这样读下去、散漫地写下去，其结果无非是发表更多的文章。但是发一百篇和一千篇能有多大差别呢？要想把成长的根扎得深一些，把行走的路延得远一些，就必须找到一个更加聚焦的方向。但是，一个特教老师显然是不具备带着一群中小学教师去研究任何学科教学的专业能力的，我到底还能做些什么？几经找寻我发现：长期以来，因为我的笔触总是停留在班级教育故事或者管理策略上，面对很多看似寻常的事件，我能敏锐地捕捉到其中的问题与症结，面对日常管理的复杂，我更愿意往深里去寻根探源。说干就干，元旦当晚我便发起了召集令——成立"雪梅读写团队"班主任工作室，这便意味着想加入工作室的成员必须得先是能坚持读写的教师。我始终都认为，如果没有专业阅读的支持，没有基于写作的深思，教育当中的任何一种研究都无法沉潜到深处。

工作室的运行轨迹有两条，一是引领班主任成长，二是关注学生发展。

从职业走向专业——以研促学提升班主任自身素养

很多人的班级建设当中问题层出不穷，这与班主任老师的专业能力严重不足是密切相关的，针对这一症结，我最终确立了基于"三研"模式、指向专业能力提升的工作室发展支柱，全力打造班主任专业成长的能量圈。具体说来，"三研"即研读、研写、研行，其中"读""写""行"是指向专业素养提升的行动方式，而"研"是核心发力点。

1. 用"研读"为专业素养提升追肥加养

"不善于学习，学习之后不能有效转化应用"成为现今教师心育能力提升路上公认的滞绊，被动地接受知识，而不善于和班级学生发展的实际建立连接，看似进行了大量阅读却不曾尝试在具体实践当中转化应用。

其实，所有人都知道，阅读是提升教师专业素养的有效法宝，但很多老师却常常慨叹："我读了，但是和用似乎还隔着万水千山！"我在助推工作室成员成长时采用的"研读"模式，恰恰就是来破解"读用两张皮"现象的。"研读"模式有三个维度的研究指向：一是研究教师，根据每位教师的成长需要为他们量身开出成长书单；二是研究问题，带着对问题的审视和思考推荐必读书目；三是研究阅读效率的提升与转化，努力在读与用之间架起互通的桥梁。

下面以工作室共读过的一本书为例展开具体的阐释。前文我们提到过学生同老师热情打招呼，却被老师以"走廊内不要跑跳"而泼了一盆冷水。这一事件绝非个案，每个教师无意间可能都有过类似的"不会共情，和学生不同频"的行为。针对这一现象，我将美国心理学家亚瑟·乔拉米卡利的《共情的力量》作为工作室的共读书目。

为了进一步强化阅读当中"研"的味道，我们设置了这样相对完整的"研读"流程：

抛疑导读。领读者会在开始阅读前列举几个教师共情能力不足而导致的师生间不和谐的案例，抛出问题让大家思考"为什么会这样"，然后对《共情的力量》这本书的主要内容，进行简单介绍，开启工作室的集体阅读之旅。

聚焦回顾。每月下旬，按进程老师们要把这本书读完。这个时候，领读者会把这本书的内容汇集成几个大问题，如：如何理解共情的两面性？同理心和同情心有什么差别？……如果有的老师对这些问题觉得陌生的话，那就再回头再读。

线上交流。每个月最后一个周末，领读者通过网络平台就着自己的阅读分析并结合教育中的案例做一个小型的讲座，时间一般是四十分钟到一个小时，工作室全员参与，过程中大家可以随时提出自己的疑惑或表达自己的观点。

回归实践形成思考感悟。月末要求成员写的读后感不是对书中内容的归结和提炼，而是要回到学生和教育中去，与自己的教育实践或育人得失相结合，形成阅读之后的深度思考。这样做既将理论和实践进行了有效的勾连，又提升了大家运用阅读收获处理现实问题的能力，真正达到读以致用之效。

2. 以"研写"模式为教育问题寻根探源

在我看来，真正能触动一个教师专业思考能力那根弦的非写作莫属。通过写，一方面教师的教育知觉变得更加敏锐了，更善于从别人忽视的地方发现心灵成长的密码；另一方面，面对生命成长中的种种现象，教师会更惯于深挖缘由，以愈发理性的视角处理问题。

如何把写作变成提升班主任专业育人能力的一种有效方式？在不断的探寻中，我找到了一种更能朝向专业聚焦的"研写"方式，即扎根一线走近学生，睁大眼睛搜寻孩子成长中种种与心灵发展、与生命成长息息相关的问题，把它们策划成一个又一个的小主题深度研究式的写作，引领老师们主动思考，行走在问题的前面。

以学生的网瘾问题为例，我从来都不是简单地引领工作室成员研究该如何从技术操控层面去干预，而是深挖孩子的心理原因，并尽可能全面地策划一系列"研写"主题，如：学生迷恋"网红"的心理动因及引导方法有哪些？孩子沉迷网络游戏怎么办？学生迷恋刷抖音怎么办？如何破解学生朋友圈里晒出的火星语言？……如此聚焦到一个话题研写有三大好处：一是预设性，在问题出现前就去思考，那么老师们后面面对具体问题时不至于手足无措，可以快速调取之前的研究方案来应对；二是参照性，在共写中大家可以互相学习借鉴，找到最优的行动方案；三是助长性，每个话题策划前我都和杂志社联系，取得他们的支持，这样老师的成果更容易发表。其实就算不联系，老师所写应和当下教育热点、痛点，也肯定是很受欢迎的。

自工作室成立以来，每个周我们都会坚持进行至少一次的聚焦班级管理小问题或某个问题的一个小点的主题研写活动，内容涉及家校关系建设、学生心灵关注、班级活动开展、班主任专业成长等方方面面。写是为了探寻，找寻成长问题的根源，探察呵护心灵的密码。

3. 以"研行"模式为实践探路，为成长导航

如果教育是一艘航船，我们所追求的无非是在时代的浪潮中劈波斩浪，确立最有利于人的发展的终极航向。因此，基于班主任专业素养提升所进行的阅读也好，写作也罢，都只是一种成长手段，其终极目的应该是转化成实践，应该是指向学生的全面健康成长的。

基于此，在工作室每周一次的例行线上研讨活动中，我有意引导大家聚焦学生成长的实际问题，探讨如何防御、如何应对、如何转化等行动性问题。

首先，我引领教师研究他人。一次线上交流中，大家对玛丽娅·哈迪曼的"脑科学"理论特别有感触，尤其是其中提及的教室里显性的文化呈现对大脑的发展、对学生的学习心理都有着至关重要的影响作用。捕捉到大家对这个话题有特别浓厚的兴趣后，我想到了当时工作室里有位老师正好打造了她自己的乡村幸福教室并被《中国教师报》进行了整版报道，其着眼点就是帮助那些心理有着各种各样需求的农村孩子成长。于是我就把研讨活动搬到了幸福教室里，先让她分享自己幸福教室建设的动因和理念以及开展了哪些活动，有什么效

果。在对他人的研究中，我唤醒的是班主任老师们的作为意识。

其次，我帮助教师规划自我。"你所面对的学生群体有哪些共性和个性？在班级建设中，有哪些问题是相对棘手的？基于学生的成长你将以什么样的方式开展教育工作？"……借助一个个追问，老师们要重新根据自己所面对的教育对象厘清一个阶段的主研方向。在每位老师有一个具体的规划反思后，工作室再以智慧众筹的方式出谋划策，我也会根据每个老师不同的建设想法提供些学习资源或方向性的引领。

经过两年时间的探索和实践，工作室的老师们大多都结合自己班级学生的特点、面临的主要成长问题、助益成长的方式等确立了自己的研究方向，并将这种研究不断向纵深处去挖掘拓展：有的老师针对沿海农村外来务工子女居多，因父母疏于陪伴学生心理问题层出不穷的问题，确立了家庭教育志愿项目，在对孩子进行心理疏导的同时引领家长走上了主动学习、呵护心灵之路；有的老师进行了叙事心育研究，用故事打开心门之锁，引领着那些卑怯、畏缩的生命个体走向阳光、健康的彼岸……

以研促学，以研导思，班主任工作室的老师们在不断的学习思考和实践探索当中，正逐步实现由教坛从业者到专业育人者的角色转变。

从校内延向校外——双线并行构建"阳光成长"育人体系

花费大气力激发班主任老师对成长中各种问题的敏感性、不断提升育人能力，这只是在深扎根基，其最终的指向是对学生成长的成全。

在反复调研的基础上，工作室分别从"自我成长"和"社会素养"两个方面进行了系统的育人规划。

自我成长方面，我们的行动策略是贴心而动、有序延伸。我们都知道，现在中小学生各种心理问题层出不穷，但归结起来无非以下几个大类别：一是对"我是谁，我要到哪里去"的混沌迷茫，不了解自身的优劣短长，更谈不上对成长的规划和定位；二是对"我怎么了"缺少敏锐的感知能力，更缺乏足够的情绪调控能力；三是对"我为什么学习，该如何学习"缺少主动思考能力，惯于被动接受，面对问题主动探研能力明显不足。

基于全人培养这个出发点，我们工作室确立了以"提升自我认知能力、提高适应学习能力、提升社会情感能力、提高成长规划能力"为发展基线的"四提"心育框架，每一条支干都会根据学生成长的关键问题和现实需求来确立教育内容。

1. 提升自我认知能力，为心灵成长夯实基础

曾经对刚入学的一年级学生进行过观察：有的孩子反反复复地追问家长"为什么小学是这样子，为什么要坐着午睡……"追问的背后是种种不适应和不满；也有的孩子反复强调"书包真沉，校服是绿色的"等听起来没什么营养的话题，其实是在等待别人对他们身份转换的确认与肯定。老师和家长作为成年人，往往会把这些信息解读为牢骚、胡闹。于是，置身于这样一个关键节点上，孩子们就会对自我角色及能力缺少正确的认知，有的哭闹好久才能适应，有的将不安情绪积压在了不易被外人感知和捕捉的角落。

对自我的了解和认知是一个社会人安身立命的根本，只是在成长

的行旅当中，少有人会关注到孩子这种能力的重要性。于是，就会出现班主任口中"盲目自信"或"自卑畏怯"等等复杂的状态。就像上述刚入学的小学生，我在一线时往往会以非常肯定和称赞的语气回应——"因为你们已经是了不起的小学生了，你们成长了！"这个百试百灵之方的背后其实是帮助孩子进行了自我确认、自我了解。

心灵成长的基石首先是认识自我，作为班主任，我们有必要更有责任引领孩子在不同的成长阶段对自我有充分的了解认知。工作室在反复研究审视、不断尝试订正的基础上最终确立了"自我确认—自我认知—自我悦纳—自我调整"这样一条心灵成长线，并根据不同年龄段、不同年级、不同学情、个体与群体的差异等情况成序列地调整着"自我认知"这一心育活动的辅导内容。在小学中低年级段，我们将成长引领目标定位为"认识自我，看到闪光点"，小学高年级及初中段，我们以"悦纳自我，放大闪光点"为发展主旨，高中学段以"规划自我，成就有光人生"为人格发展目标。这样的课程指向的绝不仅仅是知识，而是知识背后的美好生活和美妙成长。

2. 提高适应学习能力，为自信心培植补充营养

对学习提不起兴趣，课上神游四海、状态恍惚，课外懒散拖沓、得过且过……当老师的，每每碰到学习状态如此不堪的学生，真是恨铁不成钢，却又不知道该如何去转化改变。

人的终身发展是一个不断学习、不断调适、不断成长的过程。全球最高教育奖得主、斯坦福大学著名的发展心理学家卡罗尔·德韦克在《终身成长》一书中指出，人们获得的成功并不是能力和天赋决定的，更受到我们在追求目标的过程中展现的思维模式的影响。如何有效提高学生适应学习的能力、为成长树起自信的风帆呢？

我带着工作室成员对不同年龄段学生的学习状态、面临的问题进行了系统的调研：低年级段特别是小学起始年级段，孩子面临的主要问题是适应——由幼儿园相对自由松散的游戏生活转向了学龄段规整有序的学习生活，许多儿童出现了不适应，这一阶段需要重点关照的就是学习状态调适，以激发学习兴趣、培养学习习惯为主要心灵培育目标；小学中高年级以及初中段，学习方法的指导以及优秀学习品质的养成应该是教育的落脚点；而高中段，我们更应该培植的是学生敏锐的信息素养以及归总借力的能力。

带着对适应及学习能力提升的关注和研究，工作室沿着"学习习惯—学习方法—学习思维—学习目标"这样一条学习纵贯线来搭建支柱，不断地跟进成长补充营养。我们的探索目标非常明确，那就是让孩子适应学习，学会学习，为终生发展奠定好的基础。

3. 提升社会情感能力，为阳光心灵形成添枝加叶

什么样的人更成功或更幸福？影响人成功或幸福的因素是什么？哈佛大学一项长达七十九年的对七百人的研究表明，好的社交能力与高质量的社会关系最为关键。二战期间，心理学家弗兰克从纳粹集中营中死里逃生，后来他研究"是什么力量让少数人能在集中营存活"，发现答案并非健康、智力、生存技巧，而是对生命的积极乐观与坚持力。这些研究表明，人的成功或幸福，越来越受制于社会情感能力的发展水平。

但置身现实中观望青少年学子的成长，我们又不难发现：浮躁焦虑、抑郁低迷、自我闭锁等形形色色的情绪问题严重影响着这一代人的社会情感能力的发展，本该阳光勃发的心灵却因为各种情绪阴影的笼罩而艰涩困顿。细究其原因，主要是在育人环节我们向外扩张得过

了度，过度关注学习成绩的提升，过度关注孩子的全方位发展，但对内的体察和引领却明显不足，忽视了对内心感受的认知和接纳，忽略了对自我情感的理解和调控能力的培养。

本着基于内心关照来提升社会情感能力的育人思路，工作室以"了解认识—直面接纳—共融共处—理性调控"的情绪情感发展线，从起始年级的"感受心情，知道我怎么了"这一认知阶段开始，沿着成长阶梯不断向"理解自我，容许心情起伏""接纳他人，能与伙伴友好相处""找寻方式，做好情感调控师"等延伸，并引领着学生在认知中不断与自我对话，不断与外界和解。

4. 提高成长规划能力，为健全心灵筑造指引航向

曾做过一项针对中小学生的调查："你的近期发展目标是什么？你未来的职业理想是什么？"有64%的孩子含糊其词，完全说不出所以然。这一结果所折射出的是真实的成长发展现状：教育引导重短线轻长远，重成绩轻状态，重当下轻规划。

诚然，在班级育人种种活动的开展和实施中，教师是受现实条件和教育考评制约的，但有一条准则我们教育人必须有明确的认知，那就是对学业成绩的评估所告诉我们的只是目前这个学生处于什么位置，却无法告诉我们将来他会达到什么高度。而学生的自我成长规划能力，则是一条蕴含着无限可能的射线，起点是学生，终点是基于健全心灵的任何一处美好指向，比如对自我社会角色和责任担当的正确认知和定位，比如在实践创新当中呈现的投入姿态和生命状态。

基于心灵成长的设计与规划，工作室在课程开发中着眼于不同学龄段的生命发展指向和需求，进行了统筹安排。在小学中低年级段，课程设计的着力点是引导学生关注自身的成长与变化，感受生命发展

的可为与能为；在小学高年级及初中段，课程的构建思路是引导学生找寻小目标，体验成就感，进行发展规划，扬展成长之帆；高中段的课程设计则是引导学生开启逐梦之旅不断付诸实践，以昂扬的姿态迎接生命挑战。

沿着"我正在成长—我有小目标—我的规划树—未来不是梦"的成长规划路线，我们着力于为健全的心灵发展筑造指引航向，这是一种充满挑战的尝试，又是势在必行的努力方向。

社会素养提升方面，我们的行动策略是内外联动，向外延伸。

向内，由工作室成员结合地域、校域、学情开发班本德育课程，着眼于优良品行的塑造培养社会人，"红润"德育课程、"双＋"德育课程都是工作室成员经过研究、开发、实践所形成的特色品牌。

向外，主要是由工作室打造的"成长有约"公益活动品牌来助力，补足学校育人的缺与失。就以乡土教育为例，虽然许多学生口头上会说热爱家乡，但对家乡的了解却不多，对此工作室有针对性地安排系列活动，开发了诸如"寻根——找寻来自乡土的归属感""百味本草的前世与今生""探秘荣成——或许就在你身边的'道光八景'"等课程，帮助孩子们在认识与体验中建立起深厚的家园之情。目前，我们已经打造了"回望历史""渔耕体验""诗意成长""民风民俗"等系列育人课程，得到了荣成市政府的认可。

回望来路，一切成绩的取得，一切研究的着力点，都是始于读写；但我坚信，我们行动的朝向永远只有一个，那就是育人！

后 记

从"建设"出发，向"建设"进发

在一次为参加国培项目的班主任授课后，许多老师围了上来。"雪梅老师，我们觉得您讲的内容特别实用，既能把大家带回班级管理的现场，又能让我们对现场发生的那些事恍然了悟，知道问题出在了哪儿，以后碰到类似的事件可以从哪里入手去解决。""老师，听了讲座后，觉得小学、初中、高中的案例您都能信手拈来，并且解析得特别到位，您到底是哪个学段的班主任呢?"……

当得知我是做了十几年的特殊教育学校班主任后才开始调转方向，致力于中小学班级管理和班主任专业成长的研究后，老师们很是震惊：特教学校的教育对象、教学内容、育人方式都与普通中小学有着天壤之别，一个特教出身的班主任能在短短几年的时间内把普通中小学班级管理中那些乱糟糟的事和那些性格迥异的孩子摸得门儿清，这究竟是怎么做到的?

我想，老师们"究竟是怎么做到"的疑惑也恰恰是我把《做一个善于建设的班主任》这本书推出来的最大底气。毕竟，长期对特殊孩子成长的关照和对其家庭的关注，让我修得了面对问题时的探究能力和面对成长时的敏感之心；十几年如一日对班级建设问题的思考、尝试和修正完善，让我拥有了既能站在宏观视角去规划建设，又能基于个性发展差异开展育人活动的能量和能力。更重要的是，我的专业成长所依赖的正是自己一步一个脚印行起来、走下去的尝试和坚持，它让我更精准地洞察班主任专业发展中的困惑，知晓用什么方法才能从本质上去唤醒和撬动一块建设的基石。

一个班主任，当接班后明确地知道该怎样进行有效的规划构建，面对一个个鲜活独特的生命时知道该关注什么、该向哪个方向引领、该借助什么样的方式赋能成长，他就是一个具有建设意识和建设能力的班主任；一个班主任，如果能够从孩子的一言一行中感知到成长的缺失或需求，从孩子细微的眼神或举动中找到破解心灵之锁的密码，他所进行的建设工作就不是机械冰冷的，而是充满了仁爱和照拂的温度；一个班主任，在面对家庭、家长时，如果既能以悲悯之心换位思考，又能以专业素养和艺术沟通赢得合作，他的建设就具有了稳固的关系架构来支撑；一个班主任，如果懂得教育当中的成长不是一方生硬牵引另一方被动前行，自己的成长能力和生命状态才是滋养学生、成就班级的根系，他的建设工程就有了强劲的根基撑托……班级建设千头万绪，但作为班主任的"我"如果朝向清晰、思路明朗、心思敏锐，班级的发展就一定不会无序凌乱。这些，都是借助这本书，我要传递给所有教育同仁的。

回顾《做一个善于建设的班主任》的成书历程，我最应该感谢的是许许多多来自一线的班主任。

自 2018 年秋走上班主任培训工作岗位后，我每年都要承担三十多场授课任务。参训过程中，大批求知若渴的班主任会把自己带班育人时所碰到的种种困惑、疑难讲与我听，并期望能得到我的指点和建议。在就着"别人的问题"不断剖析、寻因和求解的过程中，我发现了一个非常值得关注的现象——虽然面对的教育对象截然不同，但大家与我所碰到的问题却大同小异，无非就是孩子们那令人读不懂的内心想法，家长们那不愿配合却又指指点点的姿态，以及学校、班级中天天应付不过来的大事小情。在帮助老师们化疑解难时，由于缺乏对具体的人、事以及情境的深入了解，我显然不能提供具有实操性的解决办法，因此便采用了迂回的方式，即把我经历过的类似事件、我进行建设与合作时采用的小策略以及为什么这样做的因缘分析等分享给大家。没想到的是，这种基于自身经历和经验的分享，极大程度地引发了老师们的共鸣和认同，他们觉得"雪梅老师的讲课内容就像站在自己的班里在处理问题"。如果我的思考呈现恰恰是老师们需求的，为什么不花一点时间好好整理，让更多有需要的人一起体验我的建设之道呢？提笔整理此书，缘起于此，但又不止于此。

回顾一张张鲜活的面孔、一个个具体的人物围在我身边，或通过邮件、微信、QQ 等媒介寻求问题解决办法时，在感激老师们的信任之余，我的内心总会泛起一点点的失落和遗憾：为什么面对问题的发生时，大家都会向外归因——比如家长不给力、学生有问题、条件不支持呢？为什么在化解问题时，大家都惯于坐等别人提供方法，却很难自己分析出症结呢？其实，归根结底还是专业基石不够坚实。本书的最后，我希望能够找到一个发力的点，撬动班主任专业成长的链条，向建设之道进发。毕竟，当成长能量蓄足了，人便具有了学习和探究的动力；当学与思成了班主任最耀眼的专业气质，班级建设的路就一定会顺风顺水。

通过这本书，我希望把老师们关注的班级问题化为建设之道，更希望老师们能在阅读当中找到自身专业提升的建设之道。道顺了，接班带班自然就有情有趣，班主任生活自然就有声有色！

2023 年 4 月